D1934279

Ein rappender Türkenbengel soll zum Korankurs. Ein verzweifelter Mittzwanziger will sich umbringen, um wenigstens einmal etwas wirklich zu beenden. Ein fünfjähriger Engel wird bratfertig zubereitet und ein aufgehender Stern am Showhimmel beginnt seine Weltkarriere mit Nasenbluten und heruntergelassener Hose.

In *Alles roger, Hodscha?* kämpfen Türken, Deutsche und ein Kurde um ihren Platz im Leben. Mehr oder weniger bewusst trudeln sie ihrem persönlichen Point of No Return entgegen, schlittern in mal groteske, mal bestürzende Situationen und erkennen, was ihr Dasein ausmacht.

In zehn kurzen Geschichten entfaltet Kerim Pamuk die ganze Bandbreite seines erzählerischen Könnens.

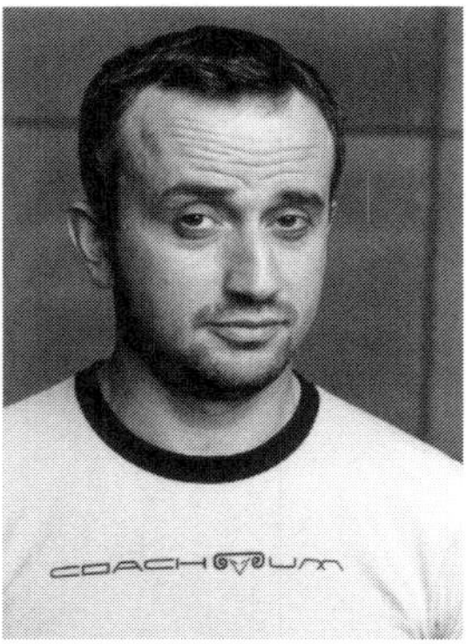

Foto: Christian Bordes

Kerim Pamuk, 1970 an der türkischen Schwarzmeerküste geboren, lebt in Hamburg. Bei Nautilus erschien 2003: *Sprich langsam, Türke*. Zusammen mit Daniel Schwarz schrieb er das Drehbuch zum Film *Süperseks*. Mit den beiden Kabarettprogrammen *Mann & Mäuschen, Máximo Lúder* und Lesungen aus seinen Büchern tourt er durch die Republik. In der Hansestadt präsentiert er monatlich die *Catbird Comedy Show*.

www.kerimpamuk.de

Kerim Pamuk

Alles roger, Hodscha?

Edition Nautilus

Umschlaggestaltung Maja Bechert.
Das Umschlagfoto zeigt Kerim Pamuk, Meray Ülgen
und Naci Özarslan (v.l.) während der
Filmaufnahmen zu
»Süperseks«.

Edition Nautilus Verlag Lutz Schulenburg
Alte Holstenstraße 22 · D-21031 Hamburg
Alle Rechte vorbehalten · © Lutz Schulenburg 2004
1. Auflage 2005 · Printed in Germany
www.edition-nautilus.de

1 2 3 4 5 · 09 08 07 06 05

ISBN 3-89401-454-7

Verbrannte Nase

»Heute soll es sehr schön werden …«, sagte Kemal zu der Frau, die ihn um einen halben Kopf überragte und ahnte nicht, dass er mit dieser Frage seine heißgeliebte kosmische Ordnung für immer demolieren würde. Kemal war Kiosk-Besitzer und verkaufte neben Zeitungen alles, was in seinen kleinen Laden hinein passte. Sein Kiosk glich eher einem zusammengestauchten Supermarkt als einem Tabak- und Zeitungsgeschäft. Dennoch war es Kemal nach einigen Testphasen gelungen, auf den wenigen Quadratmetern, die ihm zur Verfügung standen, eine übersichtliche Ordnung zu schaffen, in der sich seine Kunden wunderbar zurechtfanden. Genauso übersichtlich hatte Kemal sein Leben geordnet.

Er hatte nach dem Abitur drei Jahre lang querbeet studiert, mit BWL angefangen, danach zu Informatik gewechselt, um seine akademische Karriere mit Germanistik und Psychologie zu beenden. Irgendwann hatte er festgestellt, dass ihn ein Fach nicht mehr oder weniger als ein anderes interessierte und dass der Campus, das studentische Leben, ihm nichts bot, was ihn fesseln, in den Bann ziehen konnte. Zum Kummer seiner Mutter Gülten hatte er bemerkt, dass zu seinem Lebensglück kein abgeschlossenes Studium gehörte und mit dem Studieren aufgehört.

»Drei Jahre hast du verschwendet, drei goldene Jahre ...«, jammerte Gülten.

»Stimmt nicht, Mama«, erwiderte Kemal, »jetzt weiß ich ganz sicher, dass ich das nicht brauche.«

Natürlich prallte dieses Argument an der mediterranen Enttäuschungswand seiner Mama ab. Sie hielt Kemals ausgeglichenes Wesen für Antriebsschwäche. Irgendwie hatte er nichts richtig Türkisches an sich, wie sie fand, nichts von den emotionalen Wellen und Stürmen, auf denen seine Mutter Zeit ihres Lebens ritt. Gülten hätte wetten können, dass dieser seltsame Bursche nicht ihr Sohn war, wenn sie ihn nicht selbst auf die Welt gebracht hätte. Kemals Papa Hasan war sich hingegen sehr sicher, das war sein Sohn, mit Haut und Haaren. Bevor seine Frau sich an Kemal abzuarbeiten begann, bevor sie aus dem Jungen einen feurigen, akkuraten und karrierebewussten Sohn machen wollte, war ihr Mann das Opfer gewesen. Auch er genoss die Vorzüge eines geordneten Lebens, tat das Notwendige und unterließ alles weitere. Warum sollte er sich für ein ganzes Blech Apfelkuchen abschuften, wenn er jeden Tag nur ein Stück seines Lieblingskuchens essen konnte? Mit diesem Einwand trieb er seine Frau regelmäßig in den Wahnsinn. Die impertinente Zufriedenheit von Vater und Sohn war unerträglich für Gülten, sie machte es sich zur Lebensaufgabe, den beiden diese schreckliche Genügsamkeit auszutreiben. Dabei ließ sie sich auch durch ihre bisher gescheiterten Versuche nicht entmutigen. Sie konnte sehr zäh und ausdauernd sein, wie Kemal zuweilen nicht ohne Bewunderung feststellte.

Nach dem Ende seiner akademischen Karriere schlenderte Kemal täglich durch die Straßen seines Viertels. Er ließ sich gerne treiben, wusste beim Verlassen der Wohnungstür selten, welche Route er dieses Mal einschlagen würde und kehrte manchmal erst Stunden später in seine Einzimmerwohnung zurück. Während so einer epischen Tour durch das Viertel stand er eines Tages vor einem leeren Schaufenster und las den Anschlag: »Zu vermieten«. Er hatte keine Ahnung, was man mit dem Raum anstellen konnte, vor allem, weil der Laden in einer reinen Wohnstraße lag, aber dennoch speicherte er die Nummer in sein Handy und schlenderte weiter. Er ging die Straße in beide Richtungen auf und ab, überprüfte anschließend die Parallelstraßen und stellte fest, dass das nächste Geschäft – eine Schlachterei – etwa einen Kilometer von dem leerstehenden Laden entfernt lag. Vor der Schlachterei stehend rief er die eingetippte Nummer an.

Abends fuhr er zu seinen Eltern und erzählte Papa aufgeregt von seiner Idee. Seine Mutter nahm in der Küche mit dem Fleischermesser gerade eine ganze Pute auseinander, als ihre Rehohren aus dem Gespräch zwischen Papa und Sohn die beiden Worte »Zeitungen verkaufen« heraushörten. Keine Sekunde später stand Gülten in der Wohnzimmertür, die linke Hand in die Hüfte gestemmt, in der rechten das Fleischermesser, sie bebte vor Zorn.

»Wenn du aus unserem Sohn einen Zeitungsverkäufer machst, werde ich dir das bis zu meinem letzten Atemzug nicht verzeihen, Hasan, bis zum letzten Atemzug!«, empörte sie sich, fuchtelte mit dem Fleischermesser in seine Richtung und verschwand schnell wieder in der Küche. Perplex und ungläubig schauten die beiden Gülten hinterher.

»Die arme Pute …«, kam es Kemal leise über die Lippen. Nach dem kleinen Schock stellten Hasan und Kemal übereinstimmend fest, dass Gülten eben den besten Auftritt seit langer Zeit hingelegt hatte.

Aus Kemal wurde ein Zeitungsverkäufer, ein sehr guter sogar. Er kündigte seinen Mietvertrag und zog in die hinteren Räume des Ladens. Der kleine Hinterhofgarten, der an seine neue Wohnung grenzte, verzückte ihn. Hasan unterstützte Kemal nach besten Kräften und bürgte für seinen Sohn. Gültens vehemente Ankündigung, dieses »Loch«, wie sie es nannte, auf keinen Fall zu betreten, hielt ganze fünf Tage. Am sechsten Tag ließ sie sich zu einer Möbeleinkaufstour mit Mann und Sohn erweichen. Sie war zwar immer noch tief gekränkt und beleidigt, aber der Junge sollte wenigstens mit anständigen Möbeln in dieses Loch einziehen, und von Einrichtung verstand ihr Mann nun gar nichts. Er konnte nicht mal eine braune Socke von einer beigen unterscheiden!

Nach drei Wochen war es endlich soweit, Kemal eröffnete offiziell seinen Laden und nannte ihn *Zum Kemal*. Eigentlich wollte er die Öffnungszeiten sehr christlich gestalten, vormittags um zehn öffnen, nachmittags um zwei eine Siesta von einer Stunde einlegen und abends um sechs seine Pforten wieder schließen, aber der Einwand seines Vaters hatte ihm dann doch zu denken gegeben. Bei dieser generösen Zeitplanung würden die Kunden einen separaten *Zum Kemal*-Terminkalender führen müssen, um die Öffnungszeiten zu erwischen. Außerdem würde er jedenfalls seine Zeitung immer morgens vor dem Gang zur Arbeit kaufen. Also beschloss Kemal tapfer, seinen Laden von morgens sieben bis abends sieben durchgehend zu öffnen. Die erste Woche überstand Kemal nur mit der Hilfe seines Vaters, der nachmittags gegen drei von der Arbeit kam und seinen Sohn ablöste, damit Kemal nach hinten in sein Bett schleichen und drei Stunden betonfest schlafen konnte. Langsam gewöhnte sich Kemal aber an seinen neuen Lebensrhythmus und hatte die ersten Stammkunden, weil er mit den Leuten schnell ins Gespräch kam. Er begegnete allen mit derselben Freundlichkeit und fast jeder Kunde, der sein Geschäft zum ersten Mal betrat, fragte ihn höflich, ob sein Laden nicht *Bei Kemal* heißen müsste.

Nach etwa acht Wochen hatte Kemal seine kosmische Ordnung gefunden. Er stand um sechs Uhr auf, stellte den Wasserkocher für den ersten schwarzen Tee des Tages an, sortierte die Zeitungen und Zeitschriften ein, füllte das Zigarettenregal auf, ordnete die Getränkekisten und öffnete pünktlich um sieben die Tür. Er setzte sich hinter dem Verkaufstresen auf einen Hocker, schlürfte bedächtig seinen Tee und nahm sich die *Süddeutsche* vor. Zehn Minuten später betraten die ersten Menschen den Kiosk und deckten sich mit Zeitungen, Zigaretten, Illustrierten, Säften, Flachmännern, Schokolade und allem anderen ein, was sie wohl zum Überstehen des vor ihnen liegenden Arbeitstages brauchten. Gegen 11 Uhr tauchte Kemals Mama auf und löste ihn für zwei Stunden ab. Gülten hatte am Verkaufen, an den Gesprächen mit allen möglichen Menschen Gefallen gefunden, manchmal quatschte sie sich mit gleichgesinnten Frauen dermaßen fest, dass sich eine Schlange vor *Zum Kemal* bildete. Aber dann war Gülten jedes Mal aufrichtig überrascht und arbeitete die Kunden schnell und charmant ab. Außerdem waren diese zwei Stunden im Laden ihres

Sohnes eine hervorragende Gelegenheit, ihre neueste Garderobe vorzuführen. Kemal hatte seine Mutter noch nie an zwei aufeinander folgenden Tagen in demselben Kostüm gesehen. Er frühstückte in aller Ruhe, legte sich anschließend hin und schlief mit dem leisen Hintergrundgeschnatter seiner Mutter im Ohr ein. Gülten weckte ihn gegen eins, halb zwei und blieb oft etwas länger, um dem Sohn die letzten Neuigkeiten über Gott, seine Kunden oder die Verwandtschaft zu verabreichen und verschwand danach zu ihrer üblichen Einkaufstour in die Innenstadt. Kemal nahm wieder seinen Platz auf dem Hocker ein und informierte sich in der *Zeit* – nach Mamas lokaler Aufklärung – über geopolitische Zusammenhänge und darüber, was das Universum im Innersten zusammenhält.

Hasan versorgte am späten Nachmittag den Sohn mit neuen Waren. Gemeinsam schleppten sie die Sachen hinein und spielten im Anschluss bei einem guten Glas schwarzem Tee eine Partie Backgammon, wenn es die Kundschaft zuließ. Um sieben Uhr begann Kemal langsam mit dem Zusammenräumen und fertigte nebenbei die letzten Kunden ab. Um acht Uhr schloss er die Tür *Zum Kemal* endgültig zu, ging nach hinten, setzte sich vor den Fernseher, legte die Füße hoch und ließ sich eine Weile berieseln. Er war glücklich, denn er musste zwar soviel wie noch nie zuvor in seinem Leben arbeiten, aber sein Laden lief Tag für Tag besser, er stand endgültig auf eigenen Füßen, hatte noch genügend Zeit für seine Freunde und die anderen Dinge, die er am Leben liebte. Selbst seine Mutter unterstützte ihn nach besten Kräften, auch wenn sie insgeheim immer noch hoffte, Kemal würde irgendwann die Lust an seinem Laden verlieren und danach endlich sein Studium zu Ende bringen. Ein Diplom war schließlich ein Diplom.

An einem sommerlichen Montagmorgen, als Kemal wie gewöhnlich hinterm Tresen saß und den Sportteil der *Süddeutschen* verschlang, kam sie rein, um halb acht. Sie war schlank, trug eine dunkelblaue Jeans und eine schicke, dünne schwarze Jacke dazu. Ihre dunkelblonden Haare waren zu einem Zopf zusammengebunden, über ihren Schläfen trug sie Haarspangen. Sie stand vor Kemal am Tresen und überragte ihn um einen halben Kopf. Kemal musste zu ihr aufsehen.

»Guten Morgen.« Sie schaute Kemal in die Augen.

»Guten Morgen«, erwiderte Kemal.

»Eine Morgenpost, bitte.« Kemal reichte ihr die Zeitung, sie drückte ihm die Münze in die Hand.

»Schönen Tag noch«, sagte sie lächelnd und ging aus dem Laden.

»Dir auch einen schönen Tag«, rief ihr Kemal hinterher und wusste, dass sie ihn schon nicht mehr hören würde. Kemal war ein intelligenter Bursche, sein Gehirn glich aber eher einer russischen Dampflok, die nur langsam in Fahrt kam, dann aber zuverlässig, gleichmäßig und unaufhaltsam rollte. So brauchte er sieben weitere Kunden und eine halbe Stunde, bis ihm klar wurde, dass irgendeine Verbindung in seinem Kopf einen kleinen Kurzschluss erlitten hatte, dass etwas mit ihm nicht stimmte. Er versuchte, den Artikel, den er vor ihrem Hereinkommen zu lesen begonnen hatte, zu Ende zu bringen und musste jeden Satz dreimal lesen, weil sein Gehirn nach den ersten Worten immer wieder die Verbindung zu den Augen abzubrechen schien, das Gelesene im Nirgendwo verschwand. Kemal legte die Zeitung zur Seite. Die nächsten Kunden verhinderten das weitere Wahrnehmen seines veränderten Zustands, er bekam erst Gelegenheit darüber nachzudenken, als seine Mutter ihn gegen elf ablöste, wieder in einem Kostüm, das er noch nie an ihr gesehen hatte.

Kemal ging nach hinten, aß die von Gülten mitgebrachten Böreks und legte sich ins Bett. Er ging noch einmal den Vormittag durch und blieb immer wieder bei der Kundin hängen. Wie ein Puzzle setzte seine Erinnerung ihr Erscheinen zusammen. Es waren nur wenige Sekunden gewesen, aber sein Gedächtnis fütterte ihn unablässig mit Einzelheiten, die er in dem Moment gesehen, aber nicht registriert hatte. Ihre langen Arme und die geraden Finger, mit denen sie die Zeitung hielt. Die blauen Augen, die aus einem noch etwas verschlafenen und dezent geschminkten Gesicht strahlten, ihr federnder Gang und der Duft, den er noch immer in seiner Nase hatte, als sie schon längst fort war. Mit diesen inneren Bilderfetzen dämmerte Kemal ein. Gülten kam gegen halb zwei nach hinten und fand ihren Sohn mit offenen Augen vor. Er starrte zur Decke und lächelte.

»Ist alles in Ordnung, mein Sohn?«, fragte Gülten.

»Ja, Mama, alles okay, alles bestens...« Kemal lächelte weiter. Er stand auf, küsste und umarmte seine Mutter und ging mit ihr nach vorne. Gülten hatte jetzt den endgültigen Beweis, ihr Sohn war tatsächlich verrückt, nicht voll und ganz, aber ein bisschen. Sie hatte es schon lange geahnt.

Kemal wurde die Bilder an diesem Tag nicht mehr los. Sie verwandelten sich in Fragen. Er hatte die Frau das erste Mal in seinem Laden gesehen. Wohnte sie schon lange in dieser Gegend oder war sie erst vor kurzem hierher gezogen? Oder war sie nur zufällig in der Nähe und wollte eine Zeitung kaufen? Würde sie am nächsten Morgen wiederkommen? Würde er sie noch einmal sehen? Je später es wurde, desto mehr Fragen verneinte Kemal in seinem Kopf. Das Ganze war sicherlich eine nicht weiter beachtenswerte Episode, schließlich kauften etliche Frauen in ungefähr seinem Alter bei *Zum Kemal* ein, und warum sollte ausgerechnet diese Begegnung etwas Besonderes gewesen sein? Kemal lag im Bett und knipste das Licht aus. Der müde Körper forderte seinen Tribut.

Nach einer unruhigen Nacht wachte Kemal kurz vor sechs auf, wusch sein verschlafenes Gesicht mit eiskaltem Wasser, schmiss den Wasserkocher an, bereitete gemächlich den Laden vor und öffnete viertel vor sieben die Tür. Er nahm seinen Platz auf dem Hocker ein und wartete. Eigentlich wollte er wie gewohnt den Sportteil der *Süddeutschen* durchlesen, aber es ging nicht, er saß auf dem Hocker, schlürfte seinen Tee und wartete. Er arbeitete die ersten Stammkunden ab, schielte dabei immer wieder zur Tür und hoffte, seine Augen würden sie gleich an der Tür entdecken und dieses Mal keine Sekunde ihres Kommens und Gehens verpassen. Er schaute auf die Uhr, es war genau halb acht, wieder richtete er seine Blicke nach draußen, nichts passierte, aber Frau Manthey kam mit ihrem Ziehwagen herein. Frau Manthey war eine 78-jährige Rentnerin, die ihre allmorgendliche kleine Einkaufsrunde um sieben begann, wobei die Visite in *Zum Kemal* die zweite Station ihrer Runde bildete. Vorher kaufte sie beim Bäcker die üblichen zwei Schrippen und nahm die gutmütige persische Verkäuferin für eine gute Viertelstunde in Beschlag. Danach war Kemal dran. Sie kaufte bei ihm ihre *Bild*-Zeitung, zwei Flaschen Mineralwasser und dienstags eine kleine Flasche Apfelkorn, die sie nur wegen der besseren Verdauung benötigte, wie sie Kemal immer versicherte. Er durfte dann den Einkauf in ihren Ziehwagen packen, den sie liebevoll »Hackenporsche« nannte, und vor allem durfte er zuhören. Frau Manthey klärte Kemal gerne über die Beziehungen des Deutschen Reiches zum Osmanischen Reich auf, erzählte Anekdoten vom Ende des Ersten Weltkriegs und fragte Kemal jedes Mal, ob er als Türke gerne in Deutschland leben würde, was Kemal jedesmal beteuerte. Auch tagesaktuelle Themen strickte Frau Manthey in ihre Selbstgespräche mit Zuhörer ein. Heute waren ihre frisch vom Hausarzt verschriebenen Stützstrümpfe das Thema. Sie erklärte Kemal die dadurch entstandenen »entsetzlichen Schmerzen« in ihren Waden und in welchen modischen Farben man heutzutage Stützstrümpfe kaufen könne. Kemal saß hinter dem Tresen, trank seinen Tee und nickte in regelmäßigen Abständen wie ein Wackeldackel. Frau Manthey ließ sich durch andere Kunden, die zwischendurch kamen und gingen, nicht sonderlich stören, und wenn Kemals Aufmerksamkeit kurz auf etwas anderes gelenkt wurde, kam von Oma Manthey sofort ein liebevoll-bestimmtes: »Hören Sie, junger Mann …«, und Kemal war wieder ganz bei der Alten. Kemal mochte sie sehr, niemand sonst konnte seine Festplatte dermaßen gründlich löschen und ihn sachte einschläfern wie Frau Manthey mit ihren Geschichten. Gerade war sie mit den Stützstrümpfen fertig und leitete bruchlos zu ihrer viel zu kargen Rente über, als *sie* plötzlich neben Frau Manthey stand. Von der Alten unbemerkt, lächelte sie Kemal an, nahm eine Zeitung vom Stapel, legte eine Münze auf den Tresen und verschwand wieder. Kemal schaute zur Tür.

»Hören Sie ...«, rief die Alte. Kemal hörte nicht, er lief nach draußen. Sie war schon dreißig, vierzig Meter weiter, aber er konnte sehen, wie sie mit großen, federnden Schritten weiterging. Er schaute ihr hinterher, bis sie am Ende der Straße nach rechts abbog. Dann trottete er zurück in seinen Laden.

»Na, ja, dann will ich Sie mal nicht länger aufhalten«, sagte Frau Manthey, »heute sind Sie eh nicht richtig bei der Sache. Tschüssinggg!«

Mit ihrem Hackenporsche im Schlepptau setzte die Alte ihre Einkaufsrunde fort. Kemal war ärgerlich, sie war gekommen und hatte ihn auf dem falschen Fuß erwischt, plötzlich hatte sie vor ihm gestanden, und er war von der Alten nicht losgekommen, hatte nicht mal ein »Guten Morgen« über die Lippen gebracht. Er wartete sehnsüchtig auf die Ablösung durch seine Mutter, damit er in Ruhe überprüfen konnte, ob noch etwas anderes von den wenigen Sekunden in seinem Gedächtnis haften geblieben war. Mittags lag er endlich in seinem Bett, hörte Gültens Geschnatter vorne im Geschäft und starrte zur Decke. Auch heute hatte sie gut ausgesehen, sehr gut sogar, wie Kemal jetzt feststellte, sie hatte einen Hosenanzug getragen und andere Spangen in den Haaren. Er versuchte, dieses Bild festzuhalten, wie sie neben der Alten gestanden und ihn angelächelt hatte. Hoffentlich würde sie wieder kommen, hoffentlich würde sie jeden Tag ihre Zeitung bei ihm kaufen, hoffentlich. Kemal schlief ein.

Am nächsten Morgen stand Kemal eine halbe Stunde früher als sonst auf. Er musste planen. Kemal war nicht der Schlagfertigste, nicht der Schnellste, wenn etwas Unvorhergesehenes passierte, konnte er selten sofort darauf reagieren. In hektischen oder überraschenden Momenten hing er zwischen einem »Ja« und einem »Nein« in der Luft, wusste nicht, was er tun sollte. Erst wenn sich die Aufregung legte, er das Geschehene verarbeitet hatte, erkannte er, was zu tun war, auch wenn er dann oft zu spät kam. Manchmal hasste Kemal seine Langsamkeit, aber so war er nun mal und er wusste darum. Also musste er den Vormittag gut planen, musste alles in seinem Kopf vorher durchspielen, damit er bereit sein würde, reagieren konnte, wenn sie durch die Tür kam. Kurz und bündig, aber sehr freundlich arbeitete Kemal die ersten Kunden ab, und selbst Frau Manthey, die eigentlich nur kurz von ihrem gestrigen Arztbesuch erzählen wollte, kam nicht zum Zug. Kemal hatte ihr Paket schon fertig und fing sie gleich am Eingang ab. Er belud ihren Ziehwagen, schenkte ihr die Sachen und brachte die Alte auf den Weg zu ihrer dritten Station.

»Eigentlich komme ich jetzt zu früh zum Schlachter«, sagte Frau Manthey ungnädig und ging weiter, »aber einem geschenkten Gaul ...«

Die zweite Zeile bekam Kemal schon nicht mehr mit. Er war sofort wieder reingelaufen. Kemal wartete und bediente ein paar weitere Kunden. Langsam wurde er unruhig, es war kurz nach acht und sie tauchte nicht auf. Mit jeder Minute wurde Kemal etwas trauriger, der schöne Plan war wohl umsonst gewesen. Gegen halb neun gab er einen tiefen Seufzer von sich, stand unschlüssig hinterm Tresen herum. Dann drehte er sich um und ordnete die Zigarettenschachteln im Regal. Er musste etwas tun. Da hörte er das Schnarren der Ladentür.

»Guten Morgen«, grüßte sie. Kemal drehte sich langsam um.

»Guten Morgen«, sagte er und fürchtete, sie könnte sein bis zum Hals pochendes Herz hören. Er musste sich jetzt an seinen Plan halten, er musste jetzt etwas sagen, sonst würde sie in einer Sekunde wieder weg sein. Kemal versuchte, die Aufregung in seiner Stimme zu unterdrücken.

»Heute soll es sehr schön werden…« Er hatte keine Ahnung, warum er übers Wetter sprach, sein Plan hatte eine andere Bemerkung vorgesehen.

»Jaaa…«, erwiderte sie, »endlich wird es richtig warm…«

Dabei schauten sie einander in die Augen. Kemal wollte nicht aufdringlich sein, wollte seinen erwartungsvollen Blick nicht in ihren schimmernden Augen versenken, aber er konnte nicht anders, er musste sie anschauen.

»Eine Morgenpost, bitte«, sagte sie und holte ein Portemonnaie aus ihrer Tasche. Er reichte ihr das Blatt und befürchtete schon das Ende der Unterhaltung. Sag doch bitte noch etwas, flehten Kemals Augen, noch irgendwas, bitte. Vorsichtig nahm sie die Zeitung aus seiner Hand und steckte sie in die Tasche.

»Du bist Kemal?«

»Ja, ja, so heiß ich, Kemal.« Er hoffte inbrünstig, auch sie würde fragen, ob es nicht *Bei Kemal* heißen müsste.

»Ich wünsche dir einen schönen Tag«, sagte sie stattdessen.

»Dir auch einen wunderschönen Tag«, antwortete er und fürchtete gleich, das *wunderschön* könnte zu dick ausgefallen sein.

»Bis morgen dann.« Mit langsamen Schritten ging sie aus dem Laden. Sie war fast aus der Tür, als Kemal all seine Spontaneität zusammennahm und ihr aufgeregt hinterher rief:

»Und wie heißt du?«

Sie blieb stehen, schaute noch einmal zurück.

»Susanna«, sagte sie, winkte Kemal zu und ging aus der Tür.

»Susanna, sie heißt Susanna«, murmelte er entrückt und schaute durch das Fenster auf die Straße. »Sie heißt Susanna ...«

Sie kam am nächsten Tag und auch an den folgenden in den Kiosk. Allmählich teilte Kemal den Tag in zwei Hälften ein, in den Abschnitt bevor Susanna kam und in den zweiten Abschnitt, wenn Susanna wieder weg war. Wenn Gülten gegen elf in den Laden schritt, fand sie ihren Sohn euphorisiert vor, er lächelte immerzu und konnte nach seinem Frühstück oft nicht schlafen. Gülten machte sich ernsthafte Sorgen, überlegte, ob ihr Sohn jetzt Drogen nahm, traute sich aber nicht zu fragen. Abends sprach sie Hasan auf das, wie sie fand, heikle Thema an. Aber ihr ebenso seltsamer, unverschämter Mann brach in schallendes Gelächter aus.

»Er ist verliebt, Gülten! Dein Junge ist verliebt, siehst du das denn nicht?« Gülten stutzte, sie war tatsächlich alle möglichen Gründe für die gute Laune ihres Sohnes durchgegangen, aber dass Kemal verliebt sein könnte, darauf war sie nicht gekommen.

»Hast du schon vergessen, wie verrückt wir damals waren?«, fragte Hasan. Gülten hasste ihren Mann, sie war gerade auf einen saftigen Ehestreit um die Zukunft ihres Sohnes gebürstet – mit allen Zutaten. Hasan ruinierte das Ganze mit einer sentimentalen Erinnerung und nahm Gülten den Wind aus den Segeln. Sie hatte es wirklich nicht leicht mit ihm.

Mit jedem neuen Tag lernte Kemal Susanna etwas besser kennen, traute sich zu fragen, was er unbedingt wissen wollte. Sie war Lehrerin an einer Grundschule, hatte eine eigene Klasse, sie kam aus einer kleinen Stadt in Hessen, hatte in Hamburg studiert und vor drei Jahren angefangen zu arbeiten. Susanna hasste Regen und liebte italienisches Eis, ihr absoluter Favorit war der »Tirami su«-Becher.

»Manchmal«, sagte Susanna, als sie gerade ihre Lieblingseissorten durchgingen, »könnte ich mich in so einen Becher reinlegen!« Sie lachte, während sie das sagte und Kemal lachte begeistert mit, denn er stellte sich Susanna hüllenlos in einem riesigen »Tirami su«-Becher vor. Ein großartiges Bild, wie er fand. Ihre Gespräche wurden von Tag zu Tag länger, manchmal tranken sie gemeinsam Tee, Kemal bereitete ihr zwei halbe Brötchen vor, wenn sie wieder mal zu spät aus dem Bett gekommen war und noch nichts im Magen hatte und immer unterhielten sie sich über die wichtigen Dinge im Leben. Sie verglichen die Anzahl der Eiskugeln, die sie je auf einmal verdrückt hatten, stellten sich Frau Mantheys Sexualleben zwischen dem Ersten und Zweiten Weltkrieg vor, sprachen ausführlich über die effektivsten Pickel-Ausdrück-Techniken und überlegten, ob imprägnierte Unterwäsche eine gute Antwort auf das lausige Hamburger Wetter wäre. Egal, was den beiden gerade in den Sinn kam, es war meistens eine ausführliche Würdigung wert, nur über sich selbst sprachen sie nicht, als ob es einen unausgesprochenen Pakt zwischen ihnen gab, dieses Thema nicht zu berühren. Und mit jedem Gespräch, mit jeder Minute, die sie am Morgen zusammen waren und lachten, schlug Kemals Herz heftiger. Er fand Susanna bezaubernd, liebte ihr obligatorisches »Ehrlich, wirklich?«, wenn sie mit großen Augen etwas, was er gerade erzählte, nicht glauben konnte. Er mochte ihr lautes Lachen und ihren dezenten, feinen Stil, sich zu kleiden und zu schminken. Aber niemals würde er all das Susanna gestehen, niemals würde er sich offenbaren, er wollte nicht zuerst den Pakt brechen, wollte aus Furcht, sie könnte seine Gefühle nicht erwidern, lieber schweigen, auch wenn er wusste, dass es längst zu spät war, dass er sein Herz an Susanna verloren hatte. Er hoffte, der richtige Moment würde kommen, der rechte Augenblick, um alles Unausgesprochene zu sagen, um der überbordenden Liebe, die er in seiner Seele staute, freien Lauf zu lassen.

Kemal verlor jegliches Zeitgefühl, er schwebte durch die Tage und war voller Zuversicht. Seine Mutter platzte vor Neugier und beschwerte sich bei Hasan, dass ihr Sohn nichts, aber auch gar nichts von seiner Bekanntschaft erzählen würde. Auch dieses Mal war Hasan um keine Antwort verlegen.

»Lass ihn, er wird es schon erzählen, wenn er soweit ist …«

Mit seiner Gelassenheit konnte Hasan ziemlich nerven, fand Gülten.

An einem Montagmorgen Ende Juli kam Susanna nicht mehr. Um sieben Uhr hatte Kemal wie immer die Tür geöffnet, draußen die milde Luft eingeatmet und zum Himmel hochgeschaut. Es versprach ein schöner Tag zu werden. Der Tee duftete bereits aus dem Samowar und die Brötchen für Susanna lagen geviertelt auf einem mit blauen Trauben garnierten Teller. Doch Susanna kam nicht, nicht um halb acht, nicht um acht und nicht um halb neun. Kemal wurde unruhig und wusste nicht, was er tun sollte, er merkte nur, wie einige Schweißtropfen langsam an seinem Rücken herunterliefen, wie sein Pulsschlag sich erhöhte. Er hatte keine Ahnung, warum Susanna heute morgen nicht kam, auch nicht, warum sein Körper so reagierte. Er bediente weiterhin seine Kunden und verrechnete sich selbst bei den kleinsten Beträgen. Seine Mutter betrat um elf *Zum Kemal* und wartete an der Tür auf das Kompliment, wartete vergeblich auf »Du siehst wie immer großartig aus, Mamusch!«, mit dem Kemal seine Mutter täglich begrüßte. Kemal kriegte kein Wort heraus, er wirkte matt und abwesend. Unschlüssig trat Gülten ihren Dienst an, Kemal schlich nach hinten, legte sich ohne Frühstück ins Bett. Warum kam Susanna heute nicht? Hatte sie verschlafen und würde später vorbeischauen? Kemal wollte wach bleiben, vielleicht würde er bald ihre Stimme vorne im Laden hören und sofort zu ihr laufen, er durfte nicht schlafen. Nach zwei Stunden löste er Gülten ab und fühlte sich müde. Er schleppte sich durch den Nachmittag und zählte die Stunden, damit er endlich seinen Kiosk schließen konnte, damit er endlich alleine war.

Auch am Dienstag wartete Kemal vergeblich. Susanna tauchte nicht auf. Hatte sie genug von ihm? Wollte sie ihn nicht mehr sehen? War der richtige Moment gekommen und sie hatte vergeblich auf ein zärtliches Wort von ihm gewartet? Hatte er, ohne es zu merken, diese Sekunde verpasst? Allmählich verlor Kemal seine Zuversicht. Er hätte sie schon tausendmal angerufen, er hätte ihr längst ein Karte geschickt oder sie in der Schule besucht, er hätte alles getan, um zu erfahren, warum sie nicht mehr kam, aber er hatte nichts in der Hand. Weder hatte er ihre Telefonnummer, noch wusste er, wo sie wohnte oder in welcher Straße ihre Schule war. Erst jetzt wurde ihm bewusst, dass er nicht einmal ihren Nachnamen kannte.

Die Tage, die zuvor an ihm vorbeigeflogen waren, tropften zäh dahin und es fiel ihm zunehmend schwer, sich morgens um sechs aus dem Bett zu quälen. Er wusste genau, welche trüben Wolken über seinem Haupt schwebten, warum er mit jedem weiteren Tag trauriger wurde, aber er konnte es nicht verhindern. Stück für Stück baute sich in seiner Seele eine Glaswand auf und trennte ihn von der Außenwelt. Er drang nicht mehr durch.

Mit Sorge beobachtete Gülten ihren dahinkümmernden Sohn. Sie versuchte mit ihm zu reden, fand aber nicht die richtigen Worte und Kemal machte es ihr mit seinem Schweigen auch nicht leichter.

»Wir müssen doch etwas machen, Hasan!«, flehte sie ihren Mann an. »Er läßt sich seit Tagen gehen und isst kaum etwas.«

»Wir können nichts tun«, sagte Hasan und drückte Gültens Hand, »es hat wohl nicht geklappt mit seiner Auserwählten ...«

Gülten schüttelte den Kopf.

»Aber gleich so schlimm? Vor zwei Wochen lächelte er selbst aus den Ohren und jetzt kriegt er kaum noch ein Wort heraus.«

Hasan küsste Gültens Hand, streichelte ihren Unterarm.

»Kemals Wesen kommt zwar nach mir«, meinte er, »aber er hat dein Herz, Gülten, auch für ihn gibt es nur alles oder nichts …«

Gülten war eine großartige Kriegerin auf allen Schlachtfeldern des Lebens und sie konnte stur und widerborstig wie ein Esel sein, auch konnte sie ihrem Liebsten wunderbar das Leben vergällen und ihren Standpunkt wie eine Löwin verteidigen, aber wenn Hasan so liebevoll und zärtlich zu ihr sprach und dabei ihren Arm streichelte, glich Gülten einer Katze im Regen. Sie drückte ihren Kopf an Hasans Hals und hoffte, er würde die Träne, die über ihre Wange lief, nicht bemerken.

Drei Wochen waren seit Susannas Verschwinden vergangen, als Kemal aufhörte, die Tage zu zählen. Langsam fand er sich mit dem Gedanken ab, versuchte, seine Füße wieder auf den Boden zu setzen. Hasan, der sich seit einer Woche mit einer Erkältung quälte, ließ sich krank schreiben und half in dieser Zeit bei seinem Sohn aus. Kemal musste nur den Laden morgens aufmachen und bis elf durchhalten, dann übernahm Gülten für zwei Stunden und Hasan erledigte den Rest des Tages. Kemal schlenderte gedankenverloren durch das Viertel oder lag stundenlang in seinem Bett, hörte Musik, während sein Vater vorne die Kunden bediente. Kemals Verzweiflung ging in Melancholie über. Er wusste, er musste nur lange genug durchhalten, irgendwann würden seine Gefühle langsam Ruhe geben, und der Gedanke an Susanna würde ihm nicht mehr die Kehle zuschnüren und ihn lähmen.

Ganz allmählich eroberte er sich seine kosmische Ordnung zurück, öffnete seinen Laden wieder pünktlich, frühstückte zu Gültens Erleichterung ausgiebig, und seine Augen fanden wieder den lang ersehnten Schlaf. Immer noch war er traurig, auch seine Zuversicht war noch nicht zurückgekehrt und oft, wenn die Uhr morgens halb acht schlug, krampfte sich sein Magen zusammen und er musste für eine Minute nach hinten, in seinen kleinen Garten, um wieder Luft zu kriegen, aber er schlug sich tapfer durch die Stunden und fragte nicht mehr täglich nach dem »Warum«, alles weitere würde die Zeit heilen. Gülten bemerkte, wie ihr Sohn langsam wieder zu sich fand. Einmal erzählte sie zu Hause von ihrer letzten Schicht in *Zum Kemal*.

»Er hat mir mein Kompliment gemacht, Hasan«, berichtete sie aufgeregt, »er hat wieder ›Du siehst toll aus, Mamusch‹ zu mir gesagt.«

Gülten umarmte ihren Mann.

An einem Dienstag saß Kemal wie gewohnt auf seinem Hocker, schlürfte schwarzen Tee und hatte sich nach dem Besuch einiger Stammkunden in seine Zeitung vertieft. Er hörte Schritte, nahm aber seinen Kopf nicht hoch, weil er schnell die letzten Sätze einer Reportage zu Ende lesen wollte.

»Guten Morgen, Kemal«, sagte jemand. Kemal traute seinen Ohren nicht, das konnte nicht sein. Langsam nahm er den Kopf hoch. Es war Susanna. Mit brauner Haut, von der Sonne gebleichten Haaren und vielen Sommersprossen im Gesicht stand sie vor ihm, an ihrer Nase pellten einige Hautstücke ab. Wie schön sie ist, war der erste Gedanke, zu dem Kemal fähig war. Dann erst bemerkte er ihre Augen, sie strahlten und schimmerten nicht wie sonst, sie sahen traurig und müde aus. Kemal merkte, wie er langsam den Boden unter seinen Füßen verlor, sein Atem stockte, und auf seinem Rücken bildeten sich Schweißtropfen. Er hatte Wochen gebraucht, um sein Leben wieder in den Griff zu kriegen, um seine Traurigkeit abzulegen, und jetzt entglitt ihm alles in wenigen Sekunden. Er kriegte kein Wort heraus und wäre am liebsten in seinen Vorgarten gelaufen, aber dazu war er nicht in der Lage. Er saß auf dem Hocker und hoffte, dass seine Knie aufhören würden zu zittern. Auch Susanna schwieg. Die Luft zwischen ihren Blicken schien zu flimmern. Kemal spürte den Kloß, der sich in seinem Hals bildete, spürte, wie jeder Gedanke, den er mühsam verdrängt, wie jede Frage, die er in seinem Herzen versenkt hatte, zurückkehrte und nach draußen wollte. Er biss sich auf die Lippen, weil er fürchtete, all die Fragen könnten aus seinem Mund flüchten, und er könnte kein Wort mehr zurückhalten. Endlich sagte Susanna etwas.

»Warum heißt dein Laden eigentlich *Zum Kemal*?«, fragte sie mit brüchiger Stimme. Kemal kämpfte mit dem Kloß in seinem Hals. Er stockte, kämpfte um jedes Wort.

»Damit ich mit den Leuten einen Anfang habe.«

Kemal umklammerte seine Knie. Susanna lächelte ihn schüchtern aus ihren traurigen Augen an. Du musst etwas sagen, dachte Kemal, dieses Mal darfst du sie nicht gehen lassen, sprich doch endlich.

»Vielleicht … möchtest du dich ein wenig ausruhen.« Er versuchte die Angst in seiner Stimme zu unterdrücken und zeigte mit dem Daumen nach hinten. »Im Samowar ist frischer Tee und wenn du ein paar Minuten Zeit hast…«

Mehr bekam Kemal nicht heraus. Stille.

»Ja«, sagte Susanna, »das wäre gut.«

Kemal streckte seine Hand aus, sie legte ihre hinein, es war ihre erste Berührung. Er geleitete sie nach hinten, öffnete die Tür zum kleinen Garten, schob sein gemütliches Sofa davor, sie nahm Platz, er deckte ihre Beine mit einer kleinen Decke zu und servierte ihr ein Glas schwarzen Tee. Kemal musste wieder nach vorne, er stand in der Tür und betrachtete dieses fremde und in seinen Träumen so vertraute Wesen. Wunderschön war sie, wie sie so dasaß. Vor allem mit der pellenden Haut auf ihrer leicht verbrannten Nase. Vorne riefen schon einige Kunden »Hallo? Hallo?«

»Bin gleich da!«, rief Kemal zurück. »Bin gleich da!«

Er ging noch einmal zu Susanna, sie umschloss zärtlich seinen Kopf und zog ihn herunter. Eine flüchtige Sekunde lang drückte sie ihre Lippen auf seinen Hals.

»Ich warte hier, bis du fertig bist.«

»Susanna, Susanna«, murmelte Kemal und ging nach vorne, »sie heißt Susanna…«

Kleiner Makel

Hakan platzte der Schädel. Jemand hatte eine Luftpumpe an seine Nase gelegt, seinen Mund verklebt und pumpte unaufhörlich Luft hinein. Mit der linken Hand tastete er sein Gesicht ab und suchte verzweifelt ein Ventil. Auf keinen Fall durfte sein Schädel jetzt platzen, dann wäre alles umsonst gewesen. Okay, dachte Hakan, kein Ventil, dann reiß wenigstens diese verfluchte Pumpe weg! Sonst gibt es bald einen Knall und dein Gesicht rutscht die gegenüberliegende Wand hinunter. Panisch umklammerte er seine Nase, die gerade noch in seine Hand passte. Da war keine Pumpe, da war nur dieser heiße, pulsierende Fleischberg, den er mal für seine Nase gehalten hatte. Er fragte sich, woher dieser unerträgliche Druck in seinem Schädel kam.

Langsam dämmerte Hakan aus der Narkose heraus. Seine Lider wogen gefühlte drei Pfund und nur mit all seiner ungezähmt-jugendlichen Kraft schob er sie zwei, drei Millimeter hoch. Er stierte eine Weile auf das Neue Testament, das auf dem Tisch lag. Krankenschwester Dietgard hatte es ihm als Glücksbringer dorthin gelegt, obwohl Hakan vor der Operation beteuert hatte, dass er Moslem sei und damit das Neue Testament als Glücksbringer eigentlich ausfallen müsse. Schwester Dietgard hatte Hakan mit diesem gütigen, zart ins Debile gehenden Lächeln angestrahlt, zu dem nur wahrhaft Gläubige in der Lage sind, und ihm versichert, die Bibel sei die

Zuflucht aller Menschen und Moslems seien ja auch Menschen. Hakan hatte genickt. Die Kanüle war zu diesem Zeitpunkt bereits in seiner Vene gewesen, die erste beruhigende Spritze gesetzt. In wenigen Minuten würde Schwester Dietgard sein Bett in den Operationssaal rollen. Hakan hatte noch einmal genickt, wissend, dass seine Glücksbringer-Auswahlmöglichkeiten momentan etwas beschränkt waren.

Er stierte auf das Neue Testament, eine halbe Stunde lang, abwechselnd mit dem linken und rechten Auge. Mit beiden Augen ging nicht, die Lider waren immer noch bleischwer. Erst jetzt war er zu einem ersten klaren Gedanken in der Lage: Er hatte es geschafft, es war vorbei. Der Rest war Formsache. In spätestens drei Tagen war er wieder zu Hause, seine Nase würde schnell verheilen – schließlich hatte ihm selbst sein Fitnesstrainer gutes Heilfleisch bescheinigt – und dann konnte es endlich losgehen. Er malte sich gerade aus, wie umwerfend schön seine Nase bald aussehen würde, als Schwester Dietgard mit einem Tablett ins Zimmer rauschte.

»Na, wie geht es uns denn?«, schoss es aus Schwester Dietgards dauerlächelndem Mund. Hakan wollte eigentlich eine detaillierte Auskunft seines Zustandes geben, aber sein trockener Mund formte nur einen einzigen Laut:

»Äähh…«

»Das freut mich…«, sagte Schwester Dietgard. Während Hakan überlegte, was sie an seiner Antwort so freute, hatte Schwester Dietgard mit ihrer dreißigjährigen Krankenhaus-Routine den Krankentisch aufgeklappt, das Tablett draufgestellt und die beiden Fenster weit aufgerissen. Schwester Dietgard war Frischluftfanatikerin. Sie schnappte sich einen Stuhl und setzte sich zu Hakan.

»So, Hakan, jetzt wollen wir schön die Suppe aufessen, damit Ihr Kreislauf wieder in Gang kommt.« Diesmal packte sie ihre Anweisung in ein verschwörerisches Lächeln. Wieviele Arten von Lächeln die Frau wohl drauf hat, fragte sich Hakan und glotzte auf das Tablett, noch immer benommen von der Narkose. Auf dem Tablett befand sich eine weiße Suppenschüssel, bis zum Rand mit brauner, ölig glänzender Brühe gefüllt. Daneben lag eine plattgedrückte Papiertüte. Schwester Dietgard saß immer noch neben seinem Bett, sie schlug ihre kräftigen Beine übereinander und lächelte Hakan an, diesmal auffordernd.

»Schwester, sie können ruhig weitermachen, ich krieg die Suppe schon alleine runter…«, näselte Hakan durch seine mit Tamponaden verstopften Nasenflügel.

»Nein, nein, ich helfe Ihnen gern, dafür bin ich ja da.«

Hakan verstand nicht genau, warum sie ihm unbedingt beistehen wollte, aber dem Narkosenebel in seinem Hirn war dieser Umstand ziemlich gleichgültig. Gut, dachte er, soll sie halt zusehen, wie ich diese widerliche Brühe hinunter würge. Hakan flößte sich die ersten Löffel ein, unterstützt von Schwester Dietgards wohlwollendem Nicken und anfeuerndem Lächeln. Schnell wie eine Schildkröte leerte er immerhin ein Drittel der Schüssel. Plötzlich riss er seine Augen auf und starrte Schwester Dietgard hilfesuchend an. Ihre Gesichtszüge veränderten sich keinen Millimeter, sie nahm seelenruhig die Papiertüte, beulte sie aus und wartete. Stöhnend bemerkte Hakan, wie sein Magen nach oben drückte, wie die Henkersmahlzeit sich auf den Weg nach draußen machte. Er würgte noch einmal, da schob Schwester Dietgard schon die Tüte unter sein Kinn. Hakan erbrach, was sein verkrampfter Magen hergab, es schien ihm, dass sein ganzer Magen aus der Enge seines Bauches in die Freiheit strebte und nur mit hektischem Schlucken konnte er seine Innereien zur Umkehr bewegen.

»Na sehen Sie«, sagte Schwester Dietgard, »jetzt ist auch das ganze Blut aus ihrem Magen heraus, das Sie durch die Operation geschluckt haben, jetzt werden Sie ruhig schlafen können. Und heute Abend gibt es Zwieback mit Tee.« Sie lächelte bei den letzten Worten, als ob sie Hakan eine Jungfrau aus dem Paradies versprochen hätte. Hakan, vom Erbrechen erschöpft, schwer atmend und immer noch benebelt, stöhnte:

»Super…«

Dann schlief er ein.

Tosun saß in Hakans Zimmer und wartete. Er erledigte über Handy seine täglichen Geschäfte, entfernte zwei Mitesser von seiner Wange, blätterte lustlos in der *Gala* herum. Tosun hasste Lesen. Nach einer Stunde schlief Hakan immer noch, Tosun wurde langsam ungeduldig.

»Scht, schscht … Hakan!« Tosun rüttelte bei jedem *Scht* Hakan an der Schulter.

»Hakan, scht, schscht … Hakan…«

Hakan wachte endlich auf.

»Was … was … keine Suppe bitte, keine Suppe…« Tosun guckte irritert.

»Was für 'ne Suppe, Lan, wach mal auf, ich bin's, Tosun, dein Agent!«

Hakan hatte von Schwester Dietgards Lächeln und dreihundert randvollen Suppenschüsseln geträumt.

»Hallo Tosun, wie geht's, mein Moruk?«

»Mir geht es gut, Lan, aber du siehst ziemlich scheiße aus, Moruk. Sonst alles klar bei dir?«

Tosun brachte die Dinge gerne auf den Punkt.

»Ja, ja, ganz okay, ist ja jetzt vorbei … wann ist der Termin?«, röchelte Hakan.

»In genau einer Woche, Moruk, ich schwör dir, dann geht bei dir die Post ab, mit deiner neuen Nase starten wir durch, Mann, ich schwör, Moruk, dann kann uns niemand mehr aufhalten.«

Hakan versuchte siegessicher zu grinsen, aber sein Gesicht war so aufgeschwollen, dass nur eine verzerrte Grimasse dabei herauskam.

»In ein paar Tagen bist du wieder fit, deine Nase wird geil aussehen und alle liegen dir zu Füßen, mein Moruk, ich schwörs, das hab ich im Gefühl, Mann, du wirst mein erster Star!«

Tosun war Hakans Agent und gnadenlos optimistisch. Er hatte Hakan im *Früchteshop* entdeckt. Der *Früchteshop* gehörte Hakans Vater. Hakan jobbte bei seinem Papa, weil er zwei Semester auf seinen BWL-Studienplatz warten musste. Eigentlich hatte er diese Zeit im Ausland verbringen wollen, in Mexiko. Er wollte sein Schulspanisch vertiefen und durch das Land reisen, neue Erfahrungen sammeln. Vor allem wollte er ganz weit weg sein von Hamburg. Bisher hatte er sämtliche Schulferien in der Türkei verbringen müssen und er fand, dass es an der Zeit war, mal ohne Eltern zu verreisen. Sein Vater war da etwas anderer Meinung. In seinen Augen waren die beiden Wartesemester völlig überflüssig und nur durch Hakans Faulheit in der Schule verschuldet. Jetzt sollte er auch noch die Faulheit seines Sohnes mit einem einjährigen

Mexiko-Urlaub belohnen. Das kam nicht in Frage. Schließlich konnte Sohnemann im *Früchteshop* auch neue Erfahrungen sammeln. Er konnte erfahren, wie es ist, wenn man viermal in der Woche morgens um halb fünf zum Großmarkt muss und erst um acht Uhr abends Feierabend hat. Und auf dem Großmarkt gab es ja auch zwei portugiesische Obsthändler, mit denen konnte der nichtsnutzige Sohn sein Spanisch vertiefen, soviel er wollte.

Mit übermüdeten Augen hatte Hakan die Erdbeerschalen in der Auslage vor dem *Früchteshop* sortiert, als Tosun in seinem creme-weißen Daimler vorbeikam. Tosun war Ende zwanzig und ähnelte rein optisch einem kleinen Bullen. Breites Kreuz, kurze wurstige Beine und eine Stirn, die vergeblich gegen den wuchernden Haaransatz kämpfte. Eine Goldkette baumelte um seinen Hals und das kleine silbrig-glänzende Handy schien mit seiner rechten Hand verwachsen zu sein. Um seine Lippen lag ein schelmischer Zug. Tosun hatte nacheinander einen Gemüseladen, einen Dönerimbiss und ein Reisebüro versenkt, ohne dass sein Selbstwertgefühl oder sein Tatendrang darunter gelitten hätten. Ganz im Gegenteil, er suchte fieberhaft nach einer neuen Geschäftsidee, als er zufällig in der *Hürriyet* die Anzeige einer Casting-Agentur entdeckte, die türkische Darsteller suchte. Der Sprung zur eigenen Agentur und vor allem zur goldgerahmten Visitenkarte war für Tosun nur noch Formsache. Jetzt galt es, türkische Jungs und Mädchen zu rekrutieren. Tosun hatte in den Laden springen wollen, um zwei Fladenbrote mitzunehmen, als sein Blick auf Hakans Gesicht gefallen war. Er hatte sofort gewusst: Hakan hatte Star-Potenzial. Der Junge war hübsch. Sein bisheriges Leben schien keine Spuren im Gesicht hinterlassen zu haben. Er strahlte die Leichtigkeit und Unschuld seiner 20 Jahre aus. Selbst durch sein müdes Gesicht schimmerten die schwarz-glänzenden Augen und nur die feine, zart hügelige Nase bildete einen kleinen Makel.

Tosun hatte die Brote eingepackt und im Rausgehen Hakan eine Visitenkarte zugesteckt:

»Moruk, wenn du kein Bock mehr auf Kopfsalate und Erdbeerschalen hast, wenn du ein Filmstar werden willst, kannst du mich mal anrufen!«

Hakan hatte Tosun noch eine Weile hinterhergeschaut und dann die Visitenkarte betrachtet. In großen, bunten Lettern stand dort »Kanak Artists«. Eine Zeile darunter »Tosun Korkmaz«. Der Rest der Visitenkarte war mit zwei Handynummern, einer Festnetznummer, zwei Faxnummern und einer Mailadresse bedruckt. Hakans Vater hatte durch das Fenster seinen regungslosen Sohn beobachtet und den Kopf geschüttelt. Wie konnte ein normal funktionierender Mensch so lange auf eine Karte starren? Von ihm, seinem Erzeuger, hatte Hakan diese Macke nicht, bestimmt nicht, aber sein kleiner Schwager Hüsnü, Hakans Onkel, war verrückt. Hüsnü hatte sich vor acht Jahren ein kleines Transistorradio in den Anus gesteckt und das Radio nicht mehr herausbekommen. Als der Krankenwagen vorfuhr, hatte Hüsnü die Ärzte mit der Bemerkung beruhigt, dass kein Grund zur Sorge bestünde, dass er nur versucht habe, auf diese Art den türkischen Mittelwellensender *TRT-Anadolu* besser zu empfangen.

»Bist du zu einer Säule erstarrt oder sprichst du mit den Gurken?«, hatte Hakans Papa nach draußen geschrien, als er mit seinen Schlussfolgerungen über die Eigenarten seines Sohnes fertig war. Aufgeschreckt von Papas Frage hatte Hakan im selben Moment beschlossen, Tosun anzurufen.

Hakan hatte Tosun zwei Tage später im Teehaus *Marmara* getroffen. In seiner Agentur ginge es gerade nicht, weil er sie komplett neu einrichten ließe, meinte Tosun, im *Marmara* könnten sie sich genauso gut unterhalten. Der Chef des Ladens sei ein alter Kumpel, hatte Tosun gesagt. Das Treffen hatte drei Stunden gedauert. Tosun hatte Hakan zuerst kurz und bündig an die Wand geredet und alle Vokabeln fallen lassen, die ihm wichtig schienen. Er hatte von »Star-Potenzial« gesprochen, ihn den »ersten türkischen Superstar Deutschlands«, den »originalen Jungen von der Straße« genannt und beteuert, wie sehr die Deutschen auf solche Jungs stehen würden. Er hatte Hakans schauspielerische Talente und sein gutes Aussehen gelobt, schließlich hätte er ein Auge dafür. Dann hatte Tosun erzählt, wie viele TV-Serien er komplett mit Darstellern aus seinem Stall besetzt hätte, dass er alle wichtigen Produzenten mit Vornamen kenne und die Medien auf den ersten Superstar türkischer Herkunft warten würden. Und er sei überzeugt, dass Hakan dieser Superstar werden könne. Hakan hatte bisher nur einmal auf einer Bühne gestanden. In der fünften Klasse hatte er in der Schulaula ein Weihnachtsgedicht unfallfrei aufgesagt. Aber als Tosun mit seiner Ansprache fertig war, sah er sich schon in einem Jahr bei der Oscar-Verleihung. Die restlichen zweieinhalb Stunden hatten sie auf dem großen Fernseher im *Marmara* live das Istanbuler Lokalderby Fenerbahce gegen Galatasaray verfolgt. Am nächsten Tag hatte Tosun Hakan angerufen.

»Hi, Moruk, alles klar bei dir? Was macht das Gemüse?«

»Hi, Tosun, alles klar und bei dir?«

»Jetzt reiß mal deine Löffel auf, Moruk, ich habe den ersten Casting-Termin für dich … wie findest du das, hä?«

»Echt, Moruk, das gibt's ja nicht. Mann, bist du schnell! Das ist ja geil!« Hakan hatte sein Glück kaum fassen können.

»Pass auf, Hakan, der Termin ist in zwei Wochen, aber vorher müssen wir noch was erledigen…«

»Kein Problem, Mann, was denn?«

»Deine Nase, weißt du …«

Tosun hatte fünfmal auf den Koran geschworen, dass Hakan großartig aussehen würde und eine total männliche Ausstrahlung hätte und sein Stern mit Lichtgeschwindigkeit aufgehen würde und das einzige Problem auf dem Weg zur ersten Hauptrolle in einem Blockbuster der kleine Höcker auf seiner Nase sei.

Schwester Dietgard kam mit dem Abendessen und einem Belohnungslächeln auf den Lippen in Hakans Zimmer. Sie hatte nicht zuviel versprochen, es gab zwei Scheiben Zwieback und fast kalten schwarzen Tee.

»Nun lassen Sie es sich aber auch gut schmecken, Hakan.«

Selbst wenn sie ihm den Schierlingsbecher reichen würde, täte sie es garantiert mit einem Lächeln, dachte er. Bevor Schwester Dietgard wieder aus dem Zimmer rauschte, riss sie noch schnell alle Fenster auf.

»Sag mal, Tosun, muss ich mich auf das Casting nicht vorbereiten? Muss ich nicht eine Rolle üben, oder so?«

Tosun setzte sein »Du-hast-doch-keine-Ahnung«-Grinsen auf und sagte:

»Mach dir mal keine Sorgen, Moruk, die wollen erst mal nur gucken, ob du der richtige Typ für die Rolle bist, ob du rein optisch das so rüberbringst.«

»Um was geht's denn in dem Film?«, fragte Hakan, mit Tosuns Antwort nicht zufrieden.

»Um so einen Typen. Seine Frau wird umgebracht, er schwört Rache und sucht den Mörder. Dann findet er heraus, dass der Mörder 'ne Frau ist und verliebt sich in sie. Und dann verzeiht er ihr und es gibt voll das Happy-End.«

»Ich muss also nur da hingehen, und die gucken dann, ja?«

»Genau, mein Moruk. Nur da hingehen, natürlich frisch geduscht, rasiert und so weiter. Ist klar, ne?«

Hakan nickte. Tosuns Handy setzte zu einem türkischen Klagelied an.

»Okay, mein Freund, ich muss jetzt los, die Geschäfte, wir sehen uns dann beim Casting.«

Mit dem Handy am Ohr ging Tosun aus dem Zimmer. Hakan zerbröselte den Zwieback und schlürfte den Tee hinunter, hielt aber nach jedem Schluck inne und kontrollierte, ob sein Magen mit Tee und Zwieback tatsächlich einverstanden war. Sein Magen war einverstanden. Dafür meldete sich die Blase zu Wort. Schwester Dietgard brachte die Urinflasche. Hakan probierte mehrere Positionen, bekam aber keinen Tropfen heraus. Er konnte in der Waagerechten nicht pinkeln, er musste aufstehen und auf die Toilette. Schwester Dietgard stand vor der Tür Schmiere, während Hakan auf der Klobrille saß und stöhnend seine Blase entleerte. Er wusch sich die Hände und sah das erste Mal nach der Operation in den Spiegel. Er sah zugeschwollene, blau geränderte Augen, eine knallrote, unförmige, mit zwei Tamponaden zugestopfte Nase und vertrocknete Lippen. So jämmerlich und verprügelt sah er im Spiegel aus, dass ein paar Tränen aus seinen müden Augen flossen. Sofort riss er sich wieder zusammen, auf keinen Fall durfte Schwester Dietgard ihn so sehen. Ihr gütiges, verständnisvolles Lächeln hätte ihn komplett demoralisiert. Er sagte sich, dass die Wege des Ruhmes nun mal beschwerlich sind. Immerhin, dachte er, muss ich an meinen Zähnen nichts machen lassen oder an meinen Lippen.

Hakan lag weitere drei Tage im Krankenhaus, bevor er endlich nach Hause konnte. Von diesen drei Tagen blieben in seiner Erinnerung zwei Dinge haften. Schwester Dietgards penetrante Freundlichkeit, die ihn zu mordlüsternen Phantasien anregte, und der Besuch des Arztes am Tag nach der Operation. Hakan hatte sehnsüchtig auf den Arzt gewartet, weil er den Druck in seinem Kopf kaum noch ausgehalten und die ganze Nacht davor allerlei Mittel gegen Magenkrämpfe ausprobiert hatte. Ohne Erfolg. Am späten Vormittag kam endlich Doktor Still für genau zwei Minuten. Er gab Hakan einen Blechnapf in die Hand und sagte:

»Das wird jetzt ein klein bisschen bluten, halten sie den Napf direkt unter die Nase, wenn ich die Tamponaden ziehe, das geht ganz schnell.«

Das klingt ja gut, dachte Hakan, dann ist es ja gleich vorbei. Hakan schöpfte Mut.

»Sooo …«, begann Doktor Still, »jetzt zieht es ein bisschen, ich mach auch ganz schnell.«

Er nahm eine seltsam geformte Schere, klemmte sie in Hakans Nase und zog. Hakan hörte in seinem Kopf dieses schmatzende, saugende Geräusch, spürte den Unterdruck, spürte, wie sein Gehirn durch seine Nase herausgezogen wurde und sah die Tamponade, die aus seiner Nase kam, immer länger werden. Instinktiv ging er mit seinem Kopf der Schere hinterher. Doktor Still drückte sofort mit seiner anderen Hand gegen Hakans Stirn und sagte:

»Ne, ne, Sie müssen schon da bleiben …«

Keuchend und stöhnend sah Hakan den blutdurchtränkten Tamponadenberg in seinem Napf und konnte nicht fassen, dass Doktor Still so viel Stoff in seine Nebenhöhlen gestopft hatte. Kein Wunder, dass dein Schädel platzte, aber jetzt war es vorbei, Gott sei Dank, Gott sei Dank, dachte er, als Doktor Still noch einmal ansetzte.

»Sooo … jetzt noch die andere Seite und dann ist es auch schon vorbei.«

Hakan schrie auf:

»Waas?«

Schon hatte Doktor Still seine Schere an Hakans anderen Nasenflügel angesetzt und zog.

»Gleich kommt die Schwester zu Ihnen rein … alles Gute und bis morgen dann.«

Hakans Nase blutete in den Napf, den er mit beiden Händen festhielt. Er wartete auf Schwester Dietgard und überlegte, ob sich wohl mehr Hirn in seinem Schädel oder in der Schale befand. Langsam machte er sich Sorgen, da waberte schon ein beachtlicher Blutsee und der Strom aus seiner Nase wurde nicht dünner. Endlich ging die Tür auf.

»Nein … Scheiße…«, sagte Hakan. Seine Eltern standen auf der Schwelle.

»Oh mein Gott«, schrie Hakans Mutter ins Zimmer, »was haben Sie mit meinem Sohn gemacht?«

Hakan stierte hilfesuchend in den Flur, zum Glück kam Schwester Dietgard um die Ecke.

Mit den Vorbereitungen zum Casting fing er bereits zwei Tage vor dem Termin an. Er hatte sich ein paar seiner Lieblingsfilme aus der Videothek ausgeliehen. Jetzt stand er vor dem großen Bruce-Lee-Poster in seinem Zimmer, mit der Fernbedienung in der Hand und einem großen Pflaster auf der inzwischen leicht abgeschwollenen Nase und sprach die Dialoge aus den Filmen nach. Sogar Liebesfilme hatte er ausgeliehen und versuchte jetzt, die entscheidenden Dialoge am Ende, wenn sich die Verliebten offenbaren, nachzusprechen. Die ersten Versuchte scheiterten an seinem eigenen Gelächter. Also spulte er die Szenen wieder zurück und versuchte es erneut. Sein Vater ging gerade an Hakans Tür vorbei. Als er das Wehklagen, das Flehen und Bitten hörte, öffnete er leise die Tür und lugte hinein. Sein Sohn sprach zu einem Poster. Kopfschüttelnd schloss er wieder die Tür und begann, die Wohnung gründlich nach Transistorradios abzusuchen. Nach einer Stunde sprach Hakan so gefühlvoll, so voller Hingebung, dass sich Bruce Lee fast in ihn verliebt hätte. Hakan war bereit. Das Casting konnte kommen.

Weil er zu spät aufstand, ließ er sich von seinem Vater zum Casting fahren. Er setzte sich auf den Rücksitz. Schließlich war er jetzt in der Filmbranche, da konnte er sich schlecht neben den Chauffeur setzen. Seinem Papa entlockte dieses Gehabe ein herzhaftes: »Su bok herife bak!« (Schau dir diesen Scheißkerl an!)

Hakan fuhr mit Papas Daimler vor.

»Darf ich warten oder soll ich zurück zu meiner Arbeit?«, fragte sein Vater mit funkelnden Augen in den Rückspiegel.

»Oh ja, Papa, das wär cool, wenn du warten könntest«, antwortete Hakan begeistert. Bevor er ausstieg, schaute er sich um und war etwas irritiert. Obwohl er in Hamburg geboren und aufgewachsen war, hatte er noch nie einen Fuß in diese Gegend gesetzt. Ein Doppelhaus reihte sich an das andere. Hohe, sauber rechtwinklig gestutzte Hecken, die höchstens den Blick auf den ersten Stock zuließen, an jeder Vorgartentür hingen diverse Verbotsschilder und die ganze Straße war menschenleer. Es war ja nur das Casting, sagte er sich. Der Film würde bestimmt woanders gedreht werden. Am Hafen oder in einer Villa an der Alster. Ein Mann öffnete Hakan die Tür.

»Hallo, ich bin Hakan, ich wollte zum Casting …«, flötete Hakan unsicher.

»Da bist du hier genau richtich, tach auch, komm schon rein!«, sagte der Mann und legte Hakan freundschaftlich den Arm auf die Schulter.

»Ich bin der Joachim, aber meine Freunde nennen mich Joe, kanns auch Joe zu mir sagen, ne …«

Joe war Anfang vierzig und hatte seine besten Jahre hinter sich. Er trug einen ungepflegten Schnauzer, eine voluminöse Goldkette, die selbst Tosun beeindruckt hätte, und verbarg seinen stattlichen Bierbauch in einem Morgenmantel. Sein Hals kam Hakan etwas zu kurz vor. Joe und Hakan standen jetzt im Wohnzimmer. An den Wänden hingen Tapeten mit Strand-und-Sonne-Motiven, die Gardinen waren zugezogen. Das Zimmer wurde von einer riesigen hellbraunen Couch beherrscht, die mitten im Raum stand. Zwischen zwei kleinen Scheinwerfern, die auf die Couch gerichtet waren, stand ein Camcorder auf einem Plastikstativ.

»Sandy, Jürgen, das hier ist Hakan, der erste heute, macht euch schon mal warm, ne, gleich geht's los.«

Joe verschwand im Flur. Jürgen stand hinter der Kamera und war etwa so alt wie Joe, er trug ein Hawaiihemd und eine Khakihose, die den Blick auf seine Krampfadern freigab. Er winkte mit Silberblick zu Hakan rüber. Sandy, Anfang dreißig, dauergewellte Löwenmähne, Zahnpastalächeln, räkelte sich auf der Couch. Sie trug glitzernde Ohrringe, rote Pumps und pralle Brüste.

»Grüß dich«, sagte Sandy. Hakan glotzte eine Weile zu Sandy, bis er »Hi … ich bin … äh …« stammeln konnte. Er meinte zu spüren, wie die Restnarkose, die sich irgendwo in seinem Körper versteckt haben musste, seinen Schädel benebelte.

»Ist es dein erstes Mal?«, fragte Sandy.

»Ja … also … ich dachte eigentlich …«

»Ist nicht schlimm …«, meinte Sandy mütterlich, »das legt sich schnell.«

»So! Jürgen, ich denk mal, wir starten mit dem Dreier, ne!«, scholl es aus dem Flur. Joe kam mit zwei Bechern Kaffee herein.

»Das mit meiner Nase, das wird … bald … also…«, hörte sich Hakan sagen.

»Macht nichts«, meinte Joe, »wir fangen sowieso weiter unten mit den Close ups an und gucken dann mal, wie das dann so rüberkommt, bildtechnisch!«

Joe sprach immer einen Tick zu laut.

»Hast du dein Attest dabei?«, fragte er. Hakan verstand die Frage nicht.

»Ich dachte, ich muss hier vorsprechen und…«

»Ja logisch«, erwiderte Joe und klopfte Hakan auf die Schulter, »das musst du auch, aber das machen wir immer am Ende. Jetzt zieh dich erst mal da hinten um, Sandy kommt gleich zu dir rein!«

Joe zeigte auf eine offene Tür im Flur. Hakan trottete in das kleine Zimmer. An den Wänden hingen Poster mit nackten Frauen, die wohl alle denselben Chirurgen wie Sandy frequentierten. Er holte sein Handy heraus und wollte Tosun anrufen. Er traute sich nicht, stattdessen schrieb er ihm eine wütende SMS. Prompt kam Tosuns Antwort.

»Scheiße, Lan, das wusste ich nicht«, stand da im Display, »ist aber nicht schlimm, Stallone hat genauso angefangen!«

Sandy kam rein.

»Du siehst echt süß aus mit dem Pflaster auf deiner Nase«, sagte Sandy. Ihre geschulten Hände öffneten mit flinken Griffen seine Hose. Hakan hielt in der einen Hand das Handy und griff mit der anderen Hand hektisch in seinen Schritt.

»Sandy, warte mal, ich kann nicht, ich wollte nur…«

Sein Blick klebte an Sandys Busen.

»Darfst sie auch gleich streicheln, aber jetzt entspann dich«, sagte Sandy und zog seine Hand weg.

»Nee, Sandy, wirklich ...«, stotterte Hakan.

»Er kann aber schon«, grinste Sandy und zeigte auf die Beule in Hakans Shorts.

»Wir haben gerade Ramadan und da darf ich nich ... äh ...«

Er sprang mit einem Satz aus dem Zimmer und lief den Flur hinunter. Joe kam aus der Küche, als Hakan bereits die Haustür öffnete und noch einmal kurz in den Flur zurück blickte. Joe stand ohne Bademantel, aber mit einer Packung »Merci« in der Hand im Türrahmen und schaute Hakan überrascht hinterher. Erst auf der Straße bemerkte Hakan seine um die Knie baumelnde Hose.

Sein Vater sah den belämmerten Sohn auf sich zukommen, er kurbelte die Scheibe herunter und grummelte:

»Maschallah, Maschallah. Danke Gott, dass Mama dich nicht so sieht ... Darf ich den Star jetzt nach Hause fahren?«

»Das wär nett, Papa«, flüsterte Hakan.

Kokon

Sie holte die letzten Flaschen aus dem dunklen, miefigen Keller. Oben angelangt, füllte sie den Kühlschrank hinter dem Tresen auf, ließ das Spülwasser aus dem Becken laufen, polierte die Weingläser. Sie stellte die Stühle hoch, ordnete das Zeitschriftenregal, drückte die gekippten Fenster zu, brachte die schmutzigen Kaffee- und Espressotassen in die Küche und stellte sie auf der Spülmaschine ab. Jetzt musste sie nur noch die Abrechnung machen. Sie nahm den Taschenrechner aus dem Kassenschrank und sank an den Tisch neben der Küchentür. Sie spürte ihre heißen Füße, die vom langen Stehen schmerzenden Knie. Mechanisch leerte sie das Kellnerportemonnaie auf den Tisch. Zuerst zählte sie die Geldscheine und schrieb die Summe auf einen weißen Umschlag, dann ordnete sie die 50-Cent, Ein- und Zwei-Euromünzen zu kleinen Türmchen, zählte die wenigen 10- und 20-Cent Münzen, schmiss sie ins Portemonnaie und griff sich nacheinander die Türmchen. Auch diese Münzen warf sie zählend wieder in die Geldtasche. Die Beträge notierte sie untereinander auf dem Kuvert, addierte sie mit dem Taschenrechner und schrieb den Umsatz des Abends unter einen Strich. Im Kellnerportemonnaie ließ sie genau 50 Euro in Scheinen und Münzen zurück, den Rest packte sie in den Umschlag. Dieses Mal ging das Prozedere recht schnell, sie hatte weniger Umsatz als sonst gemacht. Sie verstaute die Einnahmen in einem Küchenschrank, knipste das Licht aus, schloss die Tür des Restaurants ab und schaute noch einmal auf die Uhr, die über der Küchentür hing. Es war kurz nach zwei. Sie ging los.

In manchen Nächten fuhr sie mit dem Fahrrad nach Hause, manchmal nahm sie ein Taxi, wenn sie bis zum Morgengrauen gearbeitet hatte und sich nach neun Stunden hinter der Bar kaum noch auf den Beinen halten konnte. Aber heute Nacht wollte sie zu Fuß gehen, den lauwarmen Wind, der einen wirklichen Sommer versprach, einatmen und die paar Sterne am Firmament betrachten, die selbst durch die helle Haube der illuminierten Stadt leuchteten. Auf den ruhigen Straßen waren ein paar Taxen unterwegs, nur das ewige Hintergrundsummen der Großstadt drang an ihre Ohren. Langsam ging sie die Straße entlang der U-Bahn-Trasse hinunter. Alle zwei Schritte atmete sie tief durch, wollte den Nikotingestank ihrer Kleidung und der Haare abschütteln. Sie ließ den Blick über die dunklen Silhouetten der leise rauschenden Bäume streifen. Hamburg kann schön sein, dachte sie.

Die Spätschicht war kürzer als sonst gewesen, die letzten Gäste hatten gegen eins den Laden verlassen und sie ging mit weniger Geld als gewohnt nach Hause. Dabei hatte der Abend vielversprechend begonnen. Alle Tische waren belegt gewesen und pünktlich um elf Uhr, zum Beginn des Barbetriebs, hatten zwei Dutzend neuer Gäste die Bar gestürmt. Sie hatte die Musik weiter aufgedreht und die ersten Drinks gemixt. Aber gegen Mitternacht gingen einige Leute bereits wieder und eine weitere Stunde später standen nur noch drei, vier hartgesottene

Stammgäste am Tresen und versuchten, ihren Alkoholpegel konstant zu halten.

Die U-Bahn-Trasse mündete in eine Station und sie setzte den Weg auf einer schmalen Straße fort, die rechts an dem menschenleeren Bahnsteig vorbeiführte. Mit jedem Schritt und jeder Prise frischer Luft, die in ihre Lungen strömte, wurde ihr Kopf klarer. Plötzlich blieben ihre Gedanken an einem Detail hängen. Ihr Kollege hatte vergessen, das Licht zu dimmen! Das Licht hatte im Barbetrieb genauso hell gebrannt wie vorher in der Restaurantzeit. Sie hatte sich über diese Kleinigkeit bisher nie Gedanken gemacht, denn sie war selbstverständlich. Sobald die Gäste gegen elf von draußen und von den Tischen an den Tresen strömten, wurde das Licht gedimmt und die Musik hochgedreht. Schon bald wurden die Gespräche erregter, das Lachen lauter, die Gesten wurden größer und die Leute berührten einander öfter. Dicht an dicht vor der Bar, jeder mit einem Drink, fühlten sich die Menschen um diese Zeit in der schummerigen Atmosphäre wohler. Sie hatte sich nur noch nie gefragt, warum das so war. Warum diese hektische, intime Betriebsamkeit nach Mitternacht nur in einer gedämpften, lichtarmen Stimmung entstehen konnte, wenn aus dem auf wenige Quadratmeter konzentrierten Menschenknäuel der blaue Nikotindunst nach oben stieg und die Blicke der Gäste untereinander stetig hin und her wanderten. In diesem Zustand des alkoholgeschwängerten Gedränges, so schien es ihr, fühlten sich die Menschen geborgen und losgelöst vom gleichförmigen Alltag, lockerte der Schutz des Halbdunklen ihre Zungen. Mit einer Freimütigkeit, die am Tage nicht möglich war, sprachen sie über sehr persönliche Dinge, gaben sich ihren Illusionen und unerfüllten Sehnsüchten hin, zeigten aufrichtiges Verständnis und nahmen ebenso begierig die Offenbarungen ihres Gesprächspartners an.

An einer kleinen Kreuzung bog sie nach links ab auf eine Brücke. Das helle Licht des Mondes schimmerte auf dem schwarzen ruhigen Wasser und ein Entenpaar überquerte gerade quakend den Kanal. Sie musste lächeln. Vielleicht war sie nicht die Einzige in dieser Gegend, die gerade von der Arbeit kam. Sie beobachtete die Enten, bis sie im Dickicht verschwanden, dann ging sie weiter. Die Hälfte des Weges war zurückgelegt. In einer guten Stunde würde sie geduscht, mit einer Ladung Cornflakes im Bauch ins Bett gehen, ein paar Zeilen lesen, einschlafen. Erst am nächsten Mittag würde sie aufstehen, zwei Scheiben Toastbrot mit Marmelade verdrücken, danach einen Freund treffen, mit ihm durch die Straßen ihres Viertels schlendern und in ein, zwei Cafés einkehren. Sie würde ihre Mutter anrufen oder mit ihr in die City zum Shoppen fahren und vielleicht würde sie es bis zur nächsten Abendschicht sogar schaffen, in den Supermarkt zu gehen oder die Post zu erledigen.

Eigentlich hatte sie in dem Restaurant nur zwei Jahre jobben wollen, um das Geld für ein eigenes Fotostudio zusammenzubekommen. Seit sie das erste Mal in der achten Klasse mit einer selbstgebauten Lochkamera schwarzweiße Bilder geschossen hatte, wusste sie, sie wollte Fotografin werden, mit einem eigenen Studio. Die Fotografie war ihre Sprache, ihr Weg, sich der Welt mitzuteilen. Aber aus den zwei Jahren waren unbemerkt drei, vier, fünf geworden und inzwischen hatte sie das Geld für zwei Studios verdient und wieder ausgegeben. Sie wusste nicht mehr, wie lange sie schon in diesem

Rhythmus lebte, wann sie das letzte Mal einen Tag um neun Uhr morgens begrüßt hatte. Der Takt ihres Lebens schlug längst nicht mehr im Gleichklang mit dem anderer Menschen. Während die anderen arbeiteten, schlief sie und während jene schliefen, arbeitete sie. Anfangs hatte sie dieses Leben genossen: Nach der Arbeit gab es den Lohn sofort in die Hand, an guten Abenden verdiente sie soviel wie die Tageulen in drei Frühschichten. Manchmal vertrauten Gäste ihr nachts ihre Sorgen an, waren dankbar, dass sie ihnen zuhörte. Sie bekam immer feines Essen, verstand sich mit den anderen Kellnern und Köchen prächtig und während sich im ewigen Herbst Hamburgs draußen die Leute durch den kalten Nieselregen kämpften, saß sie an ihrem Lieblingstisch neben der Küche mit einem heißen Milchkaffee, blätterte Zeitschriften durch und ließ den Nachmittag ruhig ausklingen. Sie fühlte sich wohl in ihrem Kokon.

Seit ein paar Wochen aber bröckelte etwas in ihr. Auf die üblichen Extrawünsche einiger Gäste reagierte sie mit einem zunehmend gereizten Unterton, der erstaunte Blicke hervorrief. Während der Arbeit schaute sie immer öfter auf die Uhr und wenn der Kollege bei ihr am Tresen seine Getränke bestellte, vergaß sie bisweilen die Hälfte oder stellte ihm die falschen hin. An manchen Abenden war der Laden nur halb gefüllt und es gab wenig zu tun. Dann stand sie hinterm Tresen, polierte schon das Besteck für den nächsten Tag, stierte dabei nach draußen und ließ ihre Gedanken durch die Nacht irren. Nur ein Bild tauchte in diesen Stunden regelmäßig vor ihren Augen auf. Letzten Sommer hatte sie nach einer besonders anstrengenden Schicht das Restaurant erst gegen halb fünf verlassen können und war, benebelt und übermüdet, in den Park gegangen, der zwei Straßen von ihrer Wohnung entfernt lag. Für ein paar Minuten, um den Stress des Abends abzulegen. Ein schöner Morgen hatte sich angekündigt, als sie die ersten Schritte in den Park machte. Die ersten Sonnenstrahlen fielen auf die Bäume, die vom Tau benetzten Blätter glänzten und über dem Rasen schwebte der Morgendunst. Nach der ersten Runde stand die Sonne bereits kreisrund über den Wipfeln der Bäume und färbte die Schwaden in blaukaltes Rot. Mitten auf dem Rasen stand eine große Pappel, deren Stamm gerade von dem rotdurchtränkten Bodennebel verdeckt wurde. Die Pappel schwebte! Dieses Bild hatte sich in ihrem Kopf festgesetzt und sie wusste, sie wollte es unbedingt fotografieren. Erst nachdem sich der Dunst endgültig verflüchtigt hatte, war sie nach Hause gegangen, hatte gleich ihre Fototasche aus dem Schrank geholt, auf den Tisch gepackt und war mit der schwebenden Pappel im Kopf eingeschlafen. Inzwischen war fast ein Jahr vergangen. Die eingestaubte Fototasche stand immer noch auf dem Tisch. Wenn sie tatsächlich einmal an ihrem Schreibtisch saß, schob sie sie wie ein Möbelstück zur Seite und später wieder zurück.

Auf dem Marktplatz sah sie zum Kirchturm hoch und versuchte, die Glocke zu erkennen. Wie eine riesige dunkelblaue Traube hing sie in der Turmspitze. Sie wusste, das Gotteshaus stand schon über 200 Jahre dort, hatte Kriege und Stürme überlebt. Sie lief weiter, überquerte den nächsten Kanal. Die Kirche wird dort noch stehen und ihre Glocke wird läuten, wenn du längst nicht mehr bist, dachte sie. Ihr Magen zog sich zusammen.

Sie hatte angefangen, sich wie ein Goldgräber zu fühlen, der an einer bestimmten Stelle immer weitergrub, obwohl der letzte Fund Ewigkeiten zurücklag und er längst hätte weiterziehen sollen. Vier Tage in der Woche arbeitete sie im Restaurant und brauchte die anderen drei, um sich zu erholen. Sanft glitt ihr Leben in diesem Trott dahin. Die einzige Veränderung bot die täglich wechselnde Speisekarte. Wann war der Moment gekommen, als ihr Traum vom eigenen Studio, des Wartens müde, sie verlassen hatte? War da überhaupt ein entscheidender Moment gewesen? War es schleichend, über Wochen und Monate passiert? Sie wusste es nicht mehr.

Hinter der nächsten Kurve bog sie in die Toreinfahrt und durchschritt den langgezogenen Hinterhof zu ihrer Haustür. Sie überlegte, was von den letzten fünf Jahren ihres Lebens übrig geblieben war, was sie festhalten, mit in die Zukunft nehmen konnte. Nichts war übrig geblieben, stellte sie ernüchtert fest, gar nichts. Du lebst, wie die Gläser im Laden, die täglich durch deine Hände gehen, dachte sie. Sie werden benutzt, gewaschen, poliert, ins Regal gestellt und am nächsten Tag wieder benutzt, gewaschen, poliert und ins Regal gestellt.

Als sie ihre Wohnung betrat, nahm sie die Fototasche vom Schreibtisch und ging zum Kleiderschrank. Sie wollte sie nicht mehr sehen, wollte sie endgültig wegpacken. Eine ganze Weile stand sie unschlüssig im Zimmer. Sie konnte nicht. Keine Minute später lief sie mit ihrer Fototasche über der Schulter die Treppen hinunter, über den Hof, auf die Straße. Es war noch früh, die Sonne würde erst in einer Stunde aufgehen, aber das war egal, sie würde durch die lauwarme sommerliche Nacht wandern und mit den ersten Strahlen im Park sein.

Muffkopp

In meinem Gedächtnis existiert die letzte Frau meines Urgroßvaters nur als Leiche. Als sie stirbt, bin ich sechs Jahre alt. Sie liegt im Salon ihres Sohnes aufgebahrt, um sie herum ihre laut weinenden Töchter, dahinter stumme Männer, die betreten zu Boden schauen, und mein Urgroßvater. Er klammert sich an seine tote Frau und heult. Sein Heulen ist grausam, angsteinflößend. Keine Träne läuft über seine Wange, seine Züge sind verzerrt, er krächzt und röchelt seltsame Töne, unterbricht sein asthmatisches Wehklagen durch Wortfetzen, spricht immer wieder den Namen seiner Frau aus, mal ängstlich, mal vorwurfsvoll, verzweifelt oder wimmernd. Ich hatte immer Angst vor meinem Urgroßvater. Mit seinen Gesichtszügen hätte er ohne weiteres einen großartigen Horrorfilmdarsteller abgegeben. Finsterer Blick, tiefstehende Augen, große Ohren, eine mächtige Hakennase und eine dunkle, belegte Stimme, die selbst dann noch bedrohlich klang, wenn er freundliche Worte sprach, was aber selten vorkam.

Einige Zeit vor diesem Ereignis nahm mein Opa mich zu seinem Vater mit, eben meinem Urgroßvater. Keine Ahnung, warum wir an dem Tag den Alten besuchten. Jede Begegnung meines Opas mit seinem Vater endete in einem wüsten, lauten Wortgefecht, das die ganze Dorfstraße erschütterte. Wir betraten sein abgedunkeltes Dachzimmer, das eher einer Raubtierhöhle glich. Aus irgendeinem Grund war der alte Patriarch dieses Mal für seine Verhältnisse erstaunlich milde gestimmt, schlimmer noch, seine zittrige, dunkle Stimme rief meinen Namen, zwei, drei Mal. Sofort klammerte ich mich an den Beinen meines Opas fest. Ich hatte keine Ahnung, was der Alte von mir wollte. Mein Opa redete mir gut zu:

»Geh schon, geh, dein Urgroßvater will dich nur streicheln. Keine Angst, geh schon.«

Widerwillig und langsam bewegte ich mich auf den Alten zu. Er versuchte, meinen Kopf zu tätscheln und mir ein Bonbon in die Hand zu drücken, als ich schon wieder meine Position zwischen den Beinen meines Opas einnahm.

Meine letzte Erinnerung an den Alten ist, wie er selbst im Salon seines Sohnes im offenen Sarg liegt. Tot, aber immer noch mit finsteren Zügen. Wieder die heulenden Töchter und am Sarg des Alten sein jüngster Sohn, der kleine Halbbruder meines Opas. Im wesentlichen besteht sein Gesicht aus einem Schnurrbart und er weint. Auch seine Trauer klingt seltsam, ungewohnt. Er krächzt sich die Seele aus dem Leib, aber nicht annähernd so gekonnt gruselig wie sein Vater, den er jetzt beweint. Was fühlt ein Siebenjähriger bei soviel Trauer? Kaum etwas, er klammert sich an die Beine seines Opas, beobachtet alles und begreift nichts.

Das Leben geht weiter, ich plage mich mit den üblichen Sorgen eines Jungen, dann denen eines Halbstarken, dazu gehört nicht der Tod. Manchmal erzählt mir meine Mutter von einem entfernten Verwandten, der gerade gestorben ist, erzählt von einer schwerkranken Frau, die nicht mehr lange zu leben hat. Ich höre mir das alles an, aber es löst nichts in mir aus, weil der Tod für mich abstrakt, nicht von meiner Welt ist. Manchmal überkommt mich eine diffuse Angst, ich fürchte mich vor dem Tod meiner Eltern, vor meinem eigenen Tod. Doch bald verschwindet diese Angst wieder. Warum soll ich mich mit dem Ende beschäftigen, wo ich gerade am Anfang stehe?

Mit 23 fliege ich in die Heimat, zu meinem Opa, der mich großgezogen hat und langsam am Vergehen ist, seit er mich und meine Schwester vor 14 Jahren zu unseren Eltern nach Deutschland schicken musste. Meine Eltern sind von ihrem jährlichen Heimaturlaub bereits zurückgekehrt, mein Vater hat sich wie jedes Jahr mit Opa bis aufs Messer gestritten und ohne ein Abschiedswort die Rückreise nach Hamburg angetreten. Meine Onkel Ismail und Umut sind bei Großvater und die zwei Tanten Fatma und Sebahat. Es ist Ende August, Erntezeit auf unseren Haselnussplantagen. In den ersten beiden Wochen sammle ich mit dem Omnibus meines kleineren Onkels Umut bei Sonnenaufgang die Pflückerinnen in unserer Kleinstadt Carsamba ein, fahre sie ins Dorf zu den Plantagen, pflücke Haselnüsse, schwinge mich wie ein Affe durch die Haselnussbäume, biege einen elastischen Ast nach dem nächsten herunter, damit die kleinen, pummeligen Pflückerinnen an die Haselnüsse herankommen, schleppe die vollen Säcke auf den großen Rasen, entleere sie und verteile die Ernte zum Trocknen gleichmäßig auf dem Boden. Abends fahre ich mit den Pflückerinnen und meinen Tanten wieder heim. Die Ernte schafft mich und ich schaffe die Ernte. Onkel Umut, in dessen Augen ich immer ein Faulpelz war, hält sich selbst während der Ernte vornehm im Hintergrund. Erstaunt berichtet er seinem Ersatzpapa, meinem Vater, dass ich ja inzwischen »ein Mann geworden« sei und dass er mich so gar nicht kenne.

In der dritten Woche kümmere ich mich vor allem um meinen Opa. Er hat sich vor Monaten den Oberschenkelknochen gebrochen und kann seitdem kaum laufen. Er ist noch mürrischer, als er es eh schon sein ganzes Leben lang war, macht meinen Tanten, die ihn abwechselnd pflegen, die Hölle heiß. Sie können ihm nichts recht machen, an allem hat er etwas auszusetzen. Das gebrochene Bein bereitet ihm Schmerzen, der Fuß ist angeschwollen und unbeweglich, er kann ihn nicht aufsetzen. Seine Haut ist fahl und trocken, weil er zu wenig trinkt. Derselbe Mann, der noch vor Jahren seinen Nacken mit einem spiritusdurchtränkten Wattebausch reinigte, weil er Schweißränder am Hemdkragen verabscheute, pinkelt jetzt manchmal ins Bett und will sich partout nicht waschen lassen. Bei alledem ist er klar im Kopf, wirkt mit seinen grauen Haaren und dem grauen Schnurrbart immer noch majestätisch. Man sieht ihm an, dass er mal ein sehr stattlicher gutaussehender Mann war. Die Stimme hat nichts von ihrer Kraft verloren, mit Vorliebe hackt er auf seine Tochter Fatma ein, beschimpft ihre Kinder, als ob er jeden Tag ein gewisses Quantum Gift versprühen muss, damit er nicht selber daran erstickt. Jeden Tag fahre ich ihn zu irgendeinem Arzt, trage ihn schmale, steile Treppengänge hoch, warte mit ihm stundenlang in stickigen Wartezimmern, um von einem Arzt an einen anderen verwiesen zu werden. Sie können nicht erklären, warum er solche Schmerzen am Fuß hat. Mein Opa ist ungeduldig, reagiert unwirsch, ist schnell erschöpft. Er kann sich aber nicht mit mir streiten, weil ich ihn zum Lachen bringe und er weiß, dass ich sehr nach ihm geraten bin. Er handelt nach dem anatolischen Sprichwort, dass ein Verrückter seine Keule versteckt, sobald er auf einen anderen Verrückten trifft. Vor allem aber, weil er mich ebenso sehr liebt, wie ich ihn liebe. Seinen Kindern gegenüber war er immer ein Tyrann, der erst seinen Frieden fand, wenn er ihnen das Leben vergällt hatte, wenn Tränen flossen, aber meine Schwester und ich waren sein Lebenselixier. Er hat uns gemeinsam mit seiner kleinen Tochter Sebahat, die selbst noch ein Kind war, großgezogen, er war unser Papa, hat uns jeden Wunsch von den Augen abgelesen, uns wie ein Löwe beschützt. Bis ihm meine Eltern nach sechs Jahren die beiden Enkel wegnahmen. So hat er es empfunden, hat die Trennung nie verwinden können.

Wir kriegen eine weitere Überweisung, ich fahre ihn wegen einer Computertomographie nach Samsun, in die nächste Großstadt. Damit sie dann hoffentlich herausfinden, woher die Schmerzen kommen. Mein Opa wird hingelegt, sein Fuß unter der Maschine platziert und er muss absolut still halten, weil die Maschine sehr langsam arbeitet, für jeden Zentimeter Tomographie mehrere Minuten braucht, das kleinste Zucken die Aufnahme zerstört und man wieder von vorne anfangen muss. Opa ist ein Nervenbündel, das kaum eine Sekunde still halten kann, seit jeher zittert er. Früher, wenn er Tee in kleine Teegläser eingeschenkt hat, ging die Hälfte daneben. Und jetzt soll er fast eine Stunde lang still halten. Immer wieder bricht die Arzthelferin ab, weil Opa zappelt, seinen Fuß nicht ruhig halten kann. Er flucht, denn er kann währenddessen seinen heißgeliebten Tabak nicht rauchen, die Nikotinzufuhr ist unterbrochen. Auch sein Magen knurrt, am Morgen hat er kaum etwas gegessen. Die Arzthelferin, mein Cousin Birol, der mich begleitet, und ich reden auf ihn ein, versuchen ihn zu trösten, damit wenigstens eine einzige Aufnahme klappt. Nach drei Stunden findet die Tortur ein Ende, der Arzt hat endlich ein brauchbares Bild. Ich schicke Birol kurz vorher herunter, damit er unten auf der Straße irgendetwas Essbares besorgen kann, Opa soll auf der Rückfahrt etwas zum Beißen haben. Wir fahren zurück und mein Cousin reicht ihm ein halbes, mit Frikadellen, Salat und Zwiebeln gefülltes Weißbrot. Opa nimmt das Brot in die Hand und schleudert es gegen das Armaturenbrett. Die Innereien des Brotes verteilen sich gleichmäßig über die ganze Ablage, die Frontscheibe ist verschmiert, eine Frikadelle landet auf dem Tacho. Mir platzt der Kragen, weil ich hungrig und müde bin. Zwischen meinem Opa und mir folgt ein kurzes Wortgefecht, plötzlich ist er wieder ganz lammfromm und erklärt seinem Enkel liebevoll, dass er diese gefüllten Brote nicht sonderlich mag. Auf meine Frage, warum er denn deswegen gleich das ganze Brot gegen die Scheibe pfeffern muss, und meinen Einwand, dass Birol oder ich das Brot hätten essen können, erwidert er ganz sachlich, dass er wohl etwas überreagiert hat und entschuldigt sich. Birol und ich blicken uns an, sind fassungslos und können nicht anders als lächeln. Als wir nach einer halben Stunde wieder in Carsamba ankommen, ist der Streit längst vergessen. Wie drei vergnügte Kumpels steigen wir aus dem Auto.

Ich bringe die Tomographieaufnahme zu dem behandelnden Arzt in Carsamba, er attestiert meinem Opa

Vitaminmangel und verschreibt ihm gleich vier verschiedene Medikamente. Weniger geht nicht, sonst wäre er kein richtiger Arzt. Die Schmerzen in Opas Bein bleiben, er kann nach wie vor kaum seinen Fuß auf den Boden setzen.

Drei Tage später ruft meine älteste Tante Halime an, ich soll meine Schwägerin Nurcan und ihre vier Töchter, Tante Fatma und Opa in den Wagen packen und heute Abend zum Essen kommen. Alle sind begeistert, bis auf Opa, er will nicht mitkommen. Das wollen wir aber nicht, weil dann jemand bei ihm bleiben muss. Das wiederum will Opa nicht und sagt immer wieder:

»Geht ruhig, ich brauche niemanden, ich komme alleine zurecht.«

Kurz bevor wir losfahren bittet mich Nurcan, es noch einmal zu versuchen. Vielleicht kann ich Opa doch noch überreden. Ich küsse Opa, umarme ihn.

»Opa, bitte, bitte, komm doch mit, bitte.«

Nichts zu machen, er ist wild entschlossen, den heutigen Abend zu Hause zu verbringen. Schließlich bietet unsere Nachbarin Pakize an, ab und zu bei Opa nach dem Rechten zu sehen und ihn zu versorgen, wenn er etwas braucht. Dankbar nehmen wir an. Alle sitzen im Auto, ich stehe an der Haustür und warte nur noch auf Nurcan. Ich blicke über den breiten Flur ins kleine Zimmer links, in dem mein Opa liegt. Er steht langsam auf, stützt sich mit beiden Händen an der Bettkante ab, sein Kopf ist leicht nach unten gesenkt, von dort richtet er seinen Blick zu mir.

Tante Halime empfängt uns fröhlich an der Tür.

»Da seid ihr ja endlich, wieso habt ihr Papa nicht mitgebracht? Kommt rein!«

Umarmungen, Küsse. Wir setzen uns gleich an den gedeckten Tisch und essen uns an Tante Halimes Leckereien satt. Als ihre Schwiegertochter im Anschluss den obligatorischen schwarzen Tee serviert, sind wir selig und ein vielstimmiges, vergnügtes Geschnatter setzt ein. Ein schöner Abend nimmt seinen Lauf, ich bin glücklich. Dann klingelt das Telefon. Es ist mein Onkel Umut, er will mich sprechen. Ich gehe ans Telefon, mit dunkler Stimme sagt er:

»Pack alle ein und komm schnell nach Hause.«

»Was ist los, Onkel, ist etwas passiert?«

»Komm schnell nach Hause.«

Ich lege auf.

»Wir sollen nach Hause kommen«, sage ich unschlüssig in die Runde. Meine Tanten erfasst Panik.

»Was ist los, ist Papa etwas passiert?«, fragt Fatma.

»Ich weiß es nicht, wir sollen nach Hause kommen, mehr hat Onkel nicht gesagt.«

Wir stürzen alle ins Auto, rasen los. Nach fünf Minuten stehe ich wiederum an der Haustür und erstarre. Er liegt auf dem Flur, sein Körper ist mit einem Bettlaken bedeckt. Die Hölle bricht los. Fatma, Nurcan und Halime, die ein paar Minuten später eintrifft, brechen an der Tür zusammen, nur mit Mühe kriege ich sie auf den Diwan, der ebenfalls im Flur steht. Ich setze mich auf den Boden, neben Opa und ziehe vorsichtig das Laken von seinem Gesicht. Ein weißes Tuch ist um seinen Kopf gebunden, wohl damit der Mund nicht offen steht. Trotzdem sind seine Lippen leicht eingefallen, die Haut ist weich. Ich streichele sein Gesicht, seine Haare und merke, dass er schon nicht mehr ganz warm ist. Danach bin ich zu keinem klaren Gedanken mehr fähig. Als ob mich jemand von innen eingefroren hätte, sitze ich erstarrt auf dem Boden neben meinem Opa und schaue ihn an. Inzwischen ist das ganze Viertel auf den Beinen, das Haus füllt und leert sich in Wellen, zwischen all diesen Menschen meine schluchzenden Tanten. Großonkel Harun, der kleinere Halbbruder meines Opas, kommt herein. Er würdigt seinen toten Bruder keines Blickes, setzt sich auf den Diwan. Fatma und Halime, haltlos, nach Trost suchend, wimmern.

»Onkel, unser Vater ist gegangen, wir hatten keine Mutter mehr, jetzt ist auch unser Vater gegangen.«

Harun antwortet mit kalter, vehementer Stimme:

»Hört gefälligst auf zu weinen, hört auf zu weinen, ihr hättet an ihn denken sollen, als er noch am Leben war!«

Sie gehorchen nicht, weinen weiter, er beschimpft seine wehrlosen, verzweifelten Nichten noch einmal. Ich möchte mich auf ihn stürzen, möchte seinen Hals zudrücken, ihn auf die Straße schleifen und kann es nicht, weil ich immer noch nicht begreife, dass mein geliebter Großvater, den ich vor zwei Stunden umarmt und geküsst habe, jetzt regungslos und schon fast erkaltet vor mir liegt. Nach einer knappen Stunde verlässt Harun mit seinem Anhang das Haus.

Nun muss ich die anderen Kinder meines Opas informieren. Onkel Umut, der im Teehaus saß, als Opa starb, ist dazu nicht in der Lage, weil er von einer Ohnmacht in die nächste fällt. Tante Sebahat sitzt mit ihrer Familie gerade im Auto, sie fahren zurück nach Frankreich. Weit kommen sie nicht. Nach fünfhundert Kilometern erreicht sie die Nachricht. Sebahat kehrt um. Onkel Ismail ist inzwischen wieder in Deutschland, wir können ihn bei der Arbeit nicht sprechen, aber seine Frau. Sie muss ihm die Botschaft überbringen. Wie Ismail ergeht es meinem Vater, der Nachtschicht hat und erst gegen halb zwölf nach Hause kommen wird. Ich habe die Telefonnummer der Firma, rufe aber zuerst meine Mutter an. Wir überlegen, wie wir es ihm sagen sollen und beschließen zu warten, bis er wieder zu Hause ist, weil wir Angst haben, dass ihm auf dem Heimweg etwas passieren könnte, wenn er es jetzt erfährt.

Ich habe mich einigermaßen gesammelt und versuche meine beiden Tanten zu trösten, sonst bleibt mir nichts anderes übrig, als zu warten, bis mein Vater Bescheid weiß. Wir müssen besprechen, ob und wie lange wir mit dem Begräbnis auf Papa und Onkel Ismail warten sollen. Gegen Mitternacht rufe ich noch einmal zu Hause an. Meine Mutter nimmt ab.

»Habt ihr es ihm erzählt, Mama?«

»Ja, er weiß es jetzt, warte, ich gebe ihn dir«, sagt meine Mutter.

»Wie geht's dir, Papa?«, frage ich unsicher. Er atmet schwer, schluchzt leise und sagt nach einer Weile mit tränenerstickter Stimme:

»Wie soll es mir gehen?«

Danach kriege ich kein Wort mehr heraus, bin froh, dass ich mit dem Telefon in einem Nebenzimmer bin und nicht im Flur, wo immer noch die Verwandten und Bekannten kommen und gehen. Papas belegte Stimme und dieses Schluchzen, das ich von ihm noch nie gehört habe, reißen alle Dämme ein, die Tränen schießen mir aus den Augen, ich presse mein Gesicht auf den Teppich und versuche mein Weinen zu unterdrücken, damit meine Tanten nebenan mich nicht hören. Wir legen auf, meine Kehle ist zugeschnürt. Ich weiß nicht mehr, wie lange ich so zusammengekrümmt, mein Gesicht auf den Teppich gepresst, in dem dunklen Zimmer verharre. Auf keinen Fall dürfen Fatma, Halime und Nurcan mich in diesem Zustand sehen, ich will sie doch weiter trösten. Es ist weit nach Mitternacht, endlich wird es im Haus etwas stiller, der Besucherstrom reißt langsam ab. Meine Tanten sitzen mit verweinten Gesichtern, geröteten Augen um meinen Opa herum, schaukeln ihre Oberkörper sachte hin und her, sprechen mit ihrem Vater. Ich umarme sie, drücke sie und nehme meinen Platz am Kopfende ein. Noch einmal geht ein Aufschrei durch das Haus, als Sebahat an der offenen Haustür steht. Auch sie bricht zusammen, schreit sich die Seele aus dem Leib. Ihre Schwestern haben eigentlich keine Tränen mehr, sie können nicht mehr und werden doch von Sebahat noch einmal mitgerissen. Kurz vor dem Morgengrauen ist das Haus ruhig, Tante Fatma schickt mich ins Bett.

»Komm, mein Sohn, leg dich etwas hin, du hast lange genug Wache gehalten.«

Ich gehe ins Nebenzimmer, dämmere zwei, drei Stunden vor mich hin. Am Morgen halten wir mit Papa Rücksprache, er bekommt keinen Sofortflug nach Samsun, er kann erst am nächsten Morgen mit Ismail vor Ort sein, darum sollen wir Opa heute begraben. Seine Leiche soll in der Hitze keinen weiteren Tag warten. Etwas später treffen die Leichenwäscherinnen mit einer Blechwanne ein. Wir müssen aus dem Haus, damit sie Opa waschen können. Als sie fertig sind, kommt eine Leichenwäscherin heraus:

»Ihr könnt euch jetzt verabschieden«, sagt sie mit gedämpfter Stimme. Opa liegt nun in einem offenen Holzsarg, er ist in einen Leinensack gehüllt, nur sein Kopf ist noch frei. Einer nach dem anderen treten wir an Opas Sarg heran. Ich küsse ein letztes Mal seine Wange, die Haut ist weich wie Samt und kalt. Es dauert eine ganze Weile, bis sich alle, die es wollen, von Opa verabschiedet haben. Als diese Zeremonie zu Ende ist, schnürt eine Wäscherin den Leinensack zu, der Leichenwagen steht vor der Tür. Wir überführen Opa im offenen Sarg in unser Dorf, das zehn Kilometer von Carsamba entfernt liegt. Ein riesiger Menschentross begleitet uns. Nach einer Dreiviertelstunde treffen wir auf dem Moscheefriedhof ein. Er liegt neben der Grundschule, die ich mit meiner Schwester besucht habe, als wir noch auf dem Dorf wohnten. Da bei uns nur Männer an einem muslimischen Begräbnis teilnehmen, bleiben die Frauen in den Autos und warten, gehen erst auf den Friedhof, wenn das Begräbnis vorbei ist. Der Sarg wird im Hof der Moschee auf einem Steinquader, der dafür bestimmt ist, abgestellt, danach bewegt sich die Menschenmenge zum Mittagsgebet in die Moschee. Meine Verwandten wollen, dass ich mit hineingehe, mitbete. Ich will aber nicht, ich will am Sarg bleiben, will bei ihm sein. Ich stehe am offenen Sarg meines Opas, betrachte seinen verhüllten Kopf, ein leichter Wind weht durch den Hof, die Sonne scheint, ich höre aus den Fenstern der Moschee die Gebete des Hodschas, das Murmeln der vielen Männer. Während des Gebetes kommen manchmal weitere Männer in den Hof und stellen mir alle die gleiche Frage:

»Kann ich ihn mal sehen?«

»Nein, kannst du nicht«, fahre ich die ersten beiden

Fragenden barsch an, erst danach wird mir klar, dass sie nur kommen, um zu gaffen, um das Gesicht einer Leiche zu sehen. Sie kennen meinen Opa ebenso wenig, wie ich sie kenne. Der Hof füllt sich langsam mit den Männern aus der Moschee, sie stellen sich in mehreren Reihen hintereinander auf, auch ich nehme in einer Reihe meinen Platz neben Birol ein. Der Hodscha steht neben dem Sarg, es ist Zeit für das Totengebet. Während der Hodscha vorbetet, höre ich zwei Männern zu, die sich flüsternd unterhalten.

»Weißt du, wie viel Vermögen der hinterlässt?«

»Ich habe gehört, dass er 'ne Menge Land hat und reiche Söhne.«

»Die werden jetzt wohl noch reicher.«

Es ist nicht das einzige Gespräch über den angeblichen Reichtum meines Opas, das Männer in den Reihen vor und hinter mir führen. Nach dem Totengebet läuft ein Mann mit einem Geldscheinbündel durch die Reihen und verteilt es im Namen des Verstorbenen an alle, die bedürftig sind oder sich dafür halten. Viele greifen beherzt zu und reißen dem Verteiler die Scheine aus der Hand. Die hinteren Linien gehen leer aus, weil der Verteiler schon bei der Hälfte der Reihen keine Scheine mehr hat. Danach tragen wir den Sarg zur Grabstätte unserer Familie. Der Hodscha betet dabei ununterbrochen Suren aus dem Koran. Opas Grab ist ausgehoben, einen knappen Meter breit und nicht einmal zwei Meter lang. Wir heben ihn vorsichtig aus dem Sarg und reichen ihn an drei Männer, die im Grab stehen. Sie betten ihn auf den Boden und drehen ihn leicht zur rechten Seite, zu seiner Frau, meiner Großmutter, die 24 Jahre vor ihm gestorben ist. Mit

Erde stärken sie seinen Rücken, damit er in dieser Lage bleibt. Zwei Männer steigen aus dem Grab, dem dritten werden Holzbretter gereicht. Stück für Stück setzt er die Bretter schräg über meinem Opa ein, so dass keine Erde auf seinen Leichnam fallen kann. Zwei, drei Schaufeln wandern von Hand zu Hand, jeder schüttet etwas Erde auf die Bretter.

Ein halbes Jahr lang werde ich dieses Bild nicht los. Ich wache nachts auf und sehe meinen Opa unter den Brettern liegen.

»Hat er noch gelebt, als wir ihn begraben haben?«, frage ich mich tausend Mal und muss mir vorstellen, wie er unter der Erde, unter den Brettern langsam erstickt. Allmählich finde ich wieder Schlaf, mein Leben geht weiter. Ich bemerke, wie ich meinen Großvater auch in mir verliere, wie sich die Bilder unseres gemeinsamen Lebens auflösen, wie mit jedem neuen Tag ein Stück der Erinnerung verschwindet.

An manchen Samstagen ruft meine Mutter frühmorgens an und bestellt mich zum Frühstück. Eine halbe Stunde später sitzen wir am Frühstückstisch, alle unterhalten sich vergnügt, nur ich döse noch mit zerknautschtem Gesicht vor mich hin, weil ich etwas länger zum Wachwerden brauche. Mama und Papa nicken sich zu. Dann zeigt Papa mit dem Finger auf mich und sagt:

»Guck mal, genauso ein Muffkopp wie sein Opa.«

Reinigung

Jürgen saß in seinem Stammcafé *Raumzeit* und hatte genug. Wie immer war er nach der Arbeit hierher gekommen, um den obligatorischen Milchkaffee zu trinken. Er hatte den Laden betreten, die nette Kellnerin begrüßt, sich an einen Tisch gesetzt, den Blick nach draußen gerichtet. Er würde seinen Milchkaffee schlürfen, eine halbe Stunde lang auf die Straße stieren, danach bezahlen, den Heimweg antreten, sich von seiner Frau an der Wohnungstür mit dem Standard-Vorwurf »Na, hat dich deine Lieblingskellnerin wieder so nett angelächelt?« begrüßen lassen und wortlos an ihr vorbei ins Wohnzimmer gehen. Er würde nach der Fernbedienung greifen und sich bis Mitternacht durch die TV-Kanäle zappen. Daran dachte Jürgen, als die Kellnerin zu ihm kam, »Milchkaffee?« fragte und er nur zu nicken brauchte. Zwei Tische neben ihm saß eine Enddreißigerin mit ihren beiden Kindern. Sie sprach mit den beiden laut und deutlich, damit auch die restlichen Gäste dem Gespräch folgen konnten. Die Kinder hatten schon ganze Arbeit geleistet, der Tisch war mit einem Zuckerteppich bedeckt, die offenen Zuckerstreuer lagen zu Füßen des Tisches herum, Milchschaum tropfte vom Aschenbecher und die Stühle waren mit »Hipp Apfel-Karottenbrei« eingeschmiert. Aber die kleine Maria Lara und der etwa fünfjährige Paul – alle Gäste kannten inzwischen die Namen – waren noch nicht fertig. Das Startsignal zur letzten Etappe gab ihre Mama:

»So, meine beiden Engel, Mama will jetzt ein bisschen lesen.«

Während Maria Lara sich dem Zerreißen der Tageszeitungen widmete, begann Paul sich das Café untertan zu machen. Am meisten störten ihn wohl gefüllte Zuckerstreuer. Tisch für Tisch arbeitete sich Paul vor, entleerte einen Streuer nach dem anderen auf den Tischen und zeigte brüllend auf jeden neuen Zuckerhügel:

»Guck mal, Mama!«

Mama hob den Kopf von der Illustrierten und rief ihrem kleinen Eroberer strahlend zurück:

»Ja, mein Engel.«

Jetzt stand Paul vor Jürgens Tisch. Nach einem kurzen Blickduell schnappte Paul nach dem Streuer, aber Jürgen war schneller. Er nahm den Streuer und süßte seinen Milchkaffee. Paul guckte leicht irritiert. Jetzt schnappte er mit beiden Händen nach dem Streuer, aber Jürgen gab nicht nach. Seine linke Hand und Pauls zuckerige kleine Hände rangen um den Streuer. Beide Duellanten waren fest entschlossen, nicht nachzugeben. Langsam machte das Spiel Jürgen Spaß, er genoss Schluck für Schluck den Kaffee und rang nebenbei mit Paul um den Zucker. Paul wurde wütend, weil er den Streuer nicht aus den Klauen dieses Mannes befreien konnte.

»Mama, Mama!!!«, rief er ärgerlich.

»Na, mein Engel, spielst du schön mit dem Onkel?«, gab Mama milde, aber laut und deutlich zurück. Paul wollte aber nicht mit dem Onkel spielen. Er ließ los und schlug mit beiden Händen so hart er konnte auf Jürgens Oberschenkel ein. Jürgen entglitten kurz die Gesichtszüge, damit hatte er nun nicht gerechnet.

»Schatz, was denkt Mama übers Schlagen?«, sprach

Mamas mahnende, aber sanfte Stimme. Jürgen überlegte, ob Paul wusste, was Mama übers Schlagen dachte, zumindest musste das letzte Gespräch zwischen Mama und Paul über dieses Thema etwas länger zurück liegen, denn als Jürgen den Streuer immer noch nicht freigab, schleuderte Paul die halbvolle Milchkaffeeschale auf Jürgens Schoß und rannte zu seiner Mutter. Jürgen schrie auf und sprang hoch, den Streuer immer noch in der linken Hand. Der heiße Kaffee lief von seinem Schoß langsam die Beine herunter. Seine Männlichkeit und die Oberschenkel brannten, er musste sich auf die Lippen beißen, um nicht vor Schmerz zu stöhnen. Die Kellnerin kam gleich mit zwei Geschirrtüchern an und drückte Jürgen einen Eisbeutel in die Hand.

»Das tut mir leid«, sagte sie und brachte Jürgen zur Männertoilette.

»Ist schon gut, du kannst ja nichts dafür«, seufzte Jürgen.

»Paul, jetzt schau mal, was du gemacht hast!«, rügte Mama. Paul beobachtete Jürgens Gang zur Toilette, schaute auf sein Werk und strahlte, er hatte gewonnen.

»Mensch, das tut mir echt leid«, gab Pauls Mama Jürgen mit auf den Weg, »die Reinigung zahle ich natürlich.«

Jürgen stand in der kleinen Männertoilette vor dem Spiegel, er stützte seinen schweren Körper mit den Händen am Waschbecken ab, betrachtete sein schwitzendes Gesicht im Spiegel und schnaufte.

»Ist nicht weiter wild«, sagte er zu seinem Spiegelbild, »du musst mit der Hose ja nur nach Hause …«

Aber sein Beschwichtigungsversuch ging ins Leere, er

schnaufte weiter und das irritierte ihn, weil er eigentlich ein begnadeter Einstecker war. Kam es zu einem Konflikt mit den Arbeitskollegen, mit seiner Frau oder den Eltern, stand von vornherein fest, dass Jürgen als Verlierer das Schlachtfeld verlassen würde. Seine Kollegen hatten Jürgens Wesen schnell durchschaut und benutzten ihn seitdem gerne als Prellbock, wenn es in der Firma Schwierigkeiten gab. Dabei spielte es keine Rolle, ob Jürgen mit dem aktuellen Problem irgendetwas zu tun hatte oder nicht, schuldlos war Jürgen am Ende nie.

Auch die Streitereien mit seiner Frau rollten auf einer ganz bestimmten Schiene. Irgendetwas, was Jürgen tat oder meistens nicht tat, störte sie, was den Anlass für eine Grundsatzdiskussion lieferte, bei der seine Frau neunzig Prozent der Redezeit für sich beanspruchte. Für gewöhnlich beendete sie einen Streit, indem sie hektisch die Sofadecke glättete und kopfschüttelnd schimpfte:

»Wen *ich* hätte alles haben können … Tja, selber schuld, Karin.«

Auch diese Demütigung nahm Jürgen für gewöhnlich schweigend entgegen und fragte sich nur manchmal, warum seine Frau denn alle die anderen Männer nicht genommen hatte. In solchen Momenten fühlte er sich wie eine Fußmatte, an der die Menschen in seinem Leben gerne den Dreck des Tages abstreiften. Er hatte sich natürlich des öfteren gefragt, warum er eine ideale Fußmatte abgab, warum er diese Erniedrigungen wortlos hinnahm und sich nicht wehrte. Bisher hatte er keine schlüssige Antwort gefunden, er wusste nur, dass Gott oder ein anderer großer Gestalter ihn nicht gerade mit einer Überportion Schlagfertigkeit, Kampfgeist und Streitlust ausgestattet hatte. Wenn sich am Horizont ein zwischenmenschliches Gewitter zusammenbraute, ergriff Jürgen instinktiv die Flucht oder – wenn dies nicht möglich war – duckte sich und zählte von hundert bis eins herunter.

Jürgens Hose klebte an den Oberschenkeln. Vorsichtig zog er den Stoff nach vorne, schob ein Geschirrtuch unter die Hose und tupfte seine schmerzhaft geröteten Oberschenkel ab. Seit er vor dem Spiegel stand, hatte er drei Mal versucht von hundert runter zu zählen und war nicht weiter als bis zweiundneunzig gekommen. Er atmete tief durch. Du wirst jetzt endlich diese miefige, enge Toilette verlassen, bei der Kellnerin bezahlen, ihr einen schönen Tag wünschen und nach Hause gehen, sagte er zu seinem Spiegelbild. Er stand kaum in der Tür, als die Mutter von Paul und Maria Lara ihn abfing.

»Geht's wieder?«, fragte sie mit einem enorm besorgten Gesicht. Ihre Bälger verfolgten links und rechts von ihr gespannt das Geschehen.

»Ja, Ja …« Jürgen wusste, dass er mit seiner klebrigen, kaffeedurchtränkten Hose jämmerlich aussah, als ob er versucht hätte, seine beige Stoffhose mit brauner Tusche zu färben. Er ging zum Tresen.

»Schon okay«, winkte die Kellnerin ab, »der Kaffee ist ja nicht gerade in deinem Magen gelandet.«

Sie lächelte Jürgen an und obwohl ihm überhaupt nicht danach war, lächelte er tapfer zurück, er mochte sie wirklich. Noch einmal blickte Jürgen zu der harmonischen Kleinfamilie. Sie bauten gerade aus Bierdeckeln ein Haus und benutzten Milchschaum als Mörtel.

»Wollen sie mir vielleicht ihre … Nummer geben … wegen der Reinigung …«, sagte Jürgen unsicher zu der Mutter.

»Ach ja, natürlich«, gab die Mama mit einem ironischen Unterton zurück und reichte Jürgen lächelnd eine Visitenkarte, »Sie haben ja wohl keine Kinder, oder?«

Das saß. Jürgen starrte drei lange Sekunden ins Leere. Das nächste, was er wahrnahm, war seine rechte Hand, die den kleinen Paul am Hosenlatz griff und ihn behutsam in die Höhe zog. Sie legte Paul rücklings auf den Tisch neben dem Tresen und verharrte auf seinem Bauch. Gleichzeitig streckte sich Jürgens linke Hand nach einer Flasche Bananensaft, die offen auf dem Tresen stand. Bedächtig übergoss er Rumpf und Beine des Jungen, bevor er den Saft auch über die blonden Locken fließen ließ, nur das Gesicht sparte er peinlich genau aus. Paul schaute ihn aus großen erstaunten Augen an, während seine fassungslose Mama stammelte:

»Also … das ist ja … also, un…«

Wie von einem Roboter geführt langte Jürgens linke Hand nach der nächsten Flasche, deren Verschluss die Kellnerin bereitwillig abschraubte. Jetzt ergoss sich Kirschsaft über Pauls Körper. Erstaunt beobachtete Jürgen, wie er danach den Kleinen hochnahm und zielsicher auf einen zuckerbedeckten Tisch zusteuerte. Er legte Paul dort ab und begann ihn vorsichtig hin- und herzudrehen, bis der Kleine von oben bis unten in Zucker paniert war. Maria Lara miaute:

»Ich auch, ich auch!«, und goss ihren inzwischen kalten Kakao über ihre Bluse. Panisch riss die Mama ihr den Becher aus den Händen. Jetzt lächelte sie nicht mehr. Jürgen setzte den triefenden, zuckerweißen bratfertigen Paul auf Mamas Schoß.

»So«, sagte er, während er eine Visitenkarte aus seiner Brusttasche fingerte und sie ungerührt der paralysierten Mama übergab:

»Die Reinigung bezahle ich natürlich.«

Jürgen drehte der Engelsmutter den Rücken zu, verabschiedete sich von der Kellnerin und ging hinaus auf die Straße. Nach ein paar Schritten hörte er einen anschwellenden Kinderschrei. Da wusste er, er hatte es tatsächlich getan. Er lächelte. Noch nie hatte er sich so leicht gefühlt.

Am Haken

Er stand schon eine ganze Weile auf dem Hocker und blickte aus dem Fenster zu den Ahornbäumen, die dafür sorgten, dass er in seinem Zimmer ohne Sonnenlicht blieb. Jetzt, da er auf dem Hocker stand und sich nur noch abstoßen musste, da er mit einem Seil um den Hals an einem kräftigen Haken hing, der eigentlich für eine Hängematte bestimmt war, jetzt blieb plötzlich die Zeit stehen. Seit Jahren hatte Armin diesen Zustand herbeigesehnt, herbeigewünscht, verzweifelt versucht, die rasende Zeit aufzuhalten. Vergeblich. Jetzt stand sie still und Armin stand auf dem Hocker und musste sich nur noch abstoßen, damit es endlich vorbei war. Er stand regungslos und starrte zu den Ahornbäumen hinaus. Er wusste nicht mehr, wie lange er schon so dastand, ob es morgens oder abends war, er wartete nur noch auf den letzten Impuls. Der kam nicht.

Der Entschluss, am Haken der Hängematte sein Leben zu beenden, war keine Ausgeburt des Affektes oder der Verzweiflung. Es war das konsequente und folgerichtige Ende seines jämmerlichen Lebens, wie er fand. Er wollte einfach nicht mehr, nicht mehr so tun, als ob es für ihn noch Träume und Ziele gäbe, die es wert wären, verfolgt zu werden. Nicht mehr daran denken, wie viele schöne Jahre er noch vor sich haben könnte, nicht mehr auf den Moment in seinem Leben warten, der alles ändern und seiner Existenz einen höheren Sinn oder überhaupt irgendeinen Sinn geben würde. Er hatte lange genug gewartet und nichts war passiert. Nur zu einer einzigen Erkenntnis war er gelangt: sein Leben war wertlos. Er wurde diesen Gedanken nicht mehr los, der sich wie ein Schleier über sein Leben legte, wie eine Brille, die noch hinter den Pupillen befestigt war. Er stellte sich mitunter eine einfache Frage: Woran habe ich Freude? Bis jetzt, da er am Ende des Weges – auf dem Hocker – angelangt war, konnte er diese Frage nicht beantworten. Natürlich hatte er sich die gewöhnlichen Antworten gegeben, hatte sich von den süßen Säften des Lebens erzählt, von Familie und Freunden, von Reisen in fremde Länder und Träumen, die er seit Kindertagen hatte, von der Liebe und den Sternen am Himmel. Nur glaubte er sich nicht mehr. Er wusste, dass diese Dinge ihm nichts bedeuteten, dass diese schwachen Argumente der Versuch einer Rettung waren, wo es nichts mehr zu retten gab. Er erinnerte sich nicht mehr an glückliche Tage, erfüllte Stunden oder selige Momente. Stattdessen hatten sich Enttäuschungen und Niederlagen in seiner Seele eingraviert. An sie konnte er sich sehr genau erinnern. Dennoch hielt sich Armins Selbstmitleid in Grenzen. Er suchte keinen Schuldigen, dem er alles anlasten konnte, er fragte nicht, warum es ausgerechnet ihn traf. Warum sollte es ihn nicht treffen? Warum sollte ausgerechnet er davonkommen? Warum sollte ihm ein erfülltes Leben vergönnt sein, wo es doch Milliarden von Menschen gab, die nicht einmal die Chance hatten, ihr Leben selbst zu verpfuschen? Das leuchtete ihm ein. Immerhin hatte er – warum auch immer – eine Chance gehabt und sie nicht genutzt. Also war es an der Zeit, Platz zu machen. Für den Nächsten, der sich auf dem Schlachtfeld des Lebens versuchen wollte. Armin hatte nach einem Boden unter seinen Füßen gesucht, nach einem festen Grund, der alles andere in die richtige Beziehung zueinander setzen würde. Er hatte nach einem Fixpunkt, einem Stern gesucht, an den er sich hätte halten können, der ihm den Weg gezeigt hätte. Er hatte ihn nicht gefunden. Er schwamm im Ozean des Lebens und war den Wellen ausgeliefert. Mit der Standardmethode der von schlechtem Gewissen geplagten Menschen hatte er es ebenfalls versucht – aber die Gedanken an das schwere Los anderer Menschen hatten bei ihm nur Übelkeit wegen des eigenen Scheiterns verursacht. Jeder schien für etwas zu kämpfen, nach irgendetwas zu streben, nur er nicht. Er strebte nicht und er hatte niemals für etwas oder um etwas gekämpft.

Armin überlegte, wer ihn wohl morgen als Erster entdecken würde, leblos am Haken neben der Tür hängend. Vielleicht würde er gar nicht so schnell entdeckt werden, vielleicht würde er ja eine ganze Weile am Haken der Hängematte so herumhängen. Und nur der Verwesungsgeruch würde ihn verraten. Oder er würde auf den Boden knallen, weil er mit seinem Gewicht den Haken aus der Wand rausgerissen haben würde, schließlich hatte er in den letzten Wochen fast zehn Kilo zugenommen. Er stellte sich verschiedene Menschen vor, wie sie in das Zimmer kommen, seinen Namen rufen, keine Antwort erhalten und ihn dann rechts neben der Tür entdecken. Der große Favorit seiner »Wer wird mich zuerst entdecken?«-Gedanken war seine Mutter. Sie würde sich zu Tode erschrecken, einen lauten Schrei von sich geben, der das ganze Viertel erschüttern würde, und dann würde sie ihrem leblosen Sohn die Frage stellen, die Armin schon oft in seinem Leben gehört hatte: Wie läufst du herum?

Kannst du dich nicht vernünftig anziehen, wie andere junge Männer auch? Seine Mutter würde sich überlegen, was für einen miserablen Eindruck er in dieser schlecht sitzenden Hose auf Polizei und Feuerwehr machen würde. Und sie würde ihm noch schnell eine andere anziehen, eine mit Bügelfalte, bevor sie die Polizei rufen würde.

Während Armin sich dies alles vorstellte, musste er grinsen. Er gab sich nur noch ein paar Minuten zu leben und er hatte nichts anderes zu tun, als sich die Entdeckung seiner Leiche vorzustellen. Hätte er nicht bedeutendere, wichtigere Gedanken haben müssen? Hätte er vor seinem inneren Auge nicht noch einmal den Film seines Lebens sehen müssen? Stattdessen stellte er sich vor, wie seine kleine aber kräftige Mutter versuchte, der Leiche ihres Sohnes eine hübsche Hose anzuziehen. Immerhin, dachte er, wenigstens bist du in diesem Punkt konsequent. Die Flut der sinnlosen Gedanken reißt bis zum Ende nicht ab, immerhin. Jetzt sollte die zweite Konsequenz erfolgen, er musste sich nur noch vom Hocker abstoßen. Darüber hatte er sein ganzes Leben nachgedacht. Er hatte sich oft gefragt, warum alles, was er anpackte, warum jeder Gedanke, den er dachte, warum selbst sein Atemzug immer auf halber Strecke stecken blieb, verendete. Nicht ein einziges Mal hatte er den Zustand des Fertigseins erreicht. Selbst in der Schulzeit, bei den Bundesjugendspielen, war er die kürzeste aller Rennstrecken, 100 Meter Sprint, nicht zu Ende gelaufen. Nach etwa 60 Metern hatte er, nach Luft schnappend wie ein Schwerasthmatiker, aufgeben müssen. So ist dein Leben, sagte er zu sich selber, deine Puste reicht nur für 60 Meter, egal was du anpackst. 60 Meter, weiter kommst du nicht. Wenigstens diese 60 Meter wollte Armin jetzt konsequent zu Ende laufen. Er wollte sich das Leben nehmen und damit zum ersten Mal etwas zu Ende bringen. Er wollte einmal dieses Gefühl des Fertigseins, des Geschaffthabens kosten, auch wenn er dafür in der nächsten Zehntelsekunde sein Leben aushauchen würde. Dieser Wunsch war sein letzter Impuls, der nötig war, um den Hocker unter seinen Füßen wegzutreten.

Armins Blick wanderte noch einmal durch das kleine Zimmer, aus dem Fenster hinaus, zu den großen Ahornbäumen, und dann stieß er mit einem kräftigen Tritt den Hocker um. Kaum baumelte sein Körper am Haken der Hängematte, da griff er mit der rechten Hand panisch nach dem Haken. Die krumme Spitze bohrte sich in seine Hand, während sein Atem in ein Röcheln und Keuchen überging und seine Beine sinnlos strampelten. Mit der linken Hand wollte er nach der Tür greifen, schlug sie aber nur noch weiter weg. Sie pendelte langsam von der Wand zurück in den Türrahmen und endlich erwischte er sie. Er hing zwischen Haken und Türrahmen und konnte das enggezogene Seil um seinen Hals nicht abstreifen, weil ihm eine dritte Hand dazu fehlte. Den Hocker hatte er in seiner Entschlossenheit fast zwei Meter weit weg getreten. Langsam spürte er den Haken in seinem Fleisch, spürte das am Unterarm herunterfließende Blut. Er bemerkte, wie seine Arme und Schultern allmählich verkrampften, wie seine Hände schwitzten und er immer wieder nachgreifen musste, um seinen Körper in der Schwebe zwischen Tür und Haken zu halten, aber immerhin konnte er atmen, und er wollte nicht loslassen. Zum ersten Mal in seinem Leben wollte Armin wirklich etwas. Er wollte nicht loslassen, selbst wenn der Haken seine rechte Hand durchbohren würde. Er wusste nicht warum, aber er wollte atmen. Sicherlich würde bald seine Mutter kommen, mit einer gebügelten Hose.

Alles roger, Hodscha?

»Papa, was soll ich denn da?«, jaulte Engin auf und schaute flehend zu Irfan.

»In zwei Monaten wirst du fünfzehn«, gab Irfan ruhig und unerbittlich zurück, »es wird Zeit, dass du mal erwachsen wirst.«

Engin verstand die Welt nicht mehr.

»Aber kann ich nicht erwachsen werden, ohne da hinzugehen?«

Engin startete einen letzten Versuch. Sein Vater schüttelte den Kopf.

»Du bist ein türkischer Junge und das gehört zu unserer Kultur dazu.«

Nichts zu machen, Engin musste in den Korankurs. Irfan stand bereits im Flur, zog sich an und rief in die Küche, wo seine Frau Derya die Einkäufe verstaute.

»So, ich geh jetzt mal ein bisschen raus.«

»Komm nicht zu spät, morgen Vormittag hat Engin ein Auswärtsspiel!«, gab Derya ihrem Mann mit auf den Weg und wusste, dass er doch nicht vor Mitternacht das Teehaus verlassen würde. Aber dieser Umstand würde sie nicht daran hindern, ihn Samstag früh um acht aus dem Bett zu jagen. Empört stellte Engin seine Mama zur Rede.

»Mann, Mama, was soll das denn? Sonst schimpft er immer auf die Mullahs und ich muss jetzt in die Moschee!«

Derya sah das Problem eher von der pragmatischen Seite.

»Geh da ruhig ein paar Tage hin, dann wird er sich schon wieder beruhigen und den Korankurs vergessen.«

»Aber wie kommt Papa plötzlich auf Korankurs und Moschee?«, fragte Engin immer noch aufgebracht.

»Na ja, er wird bald fünfzig und sein schlechtes Gewissen …«

»Was hab ich denn damit zu tun?«

»Als guter Moslem muss er seinem Sohn die eigene Religion …«

»Er war noch nie ein guter Moslem, niemand trinkt so viel Bier wie Papa! Hast du ihn schon mal beten sehen?«, schoss es aus Engins Mund. Derya musste ihr Lächeln unterdrücken.

»Na ja, aber sein Sohn bist du schon, oder?«

Engin schaute im Flur auf den großen Bilderrahmen an der Wand. Auf dem Bild strahlten Derya links, Engin in der Mitte und Irfan rechts um die Wette. Dieselbe Kartoffelnase, dieselben glänzenden, schwarzen Knopfaugen.

»Ja, leider«, seufzte Engin ernüchtert und ging in sein Zimmer.

Verkatert und übermüdet fuhr Irfan am nächsten Morgen seinen Sohn zu dem Auswärtsspiel nach Glinde, einem Hamburger Vorort, von dessen Existenz er erst heute Morgen beim Frühstück erfahren hatte. Es war ein nasskalter Samstagmorgen und dieser Vorort schien von einer einzigen Firma gebaut worden zu sein, wie Irfan fand. Ein Rotklinkerhaus reihte sich an das nächste, nur eine Drogerie störte das übersichtlich angeordnete Klinkerambiente, ein paar Omas standen versprenkelt in der Gegend herum und hielten Schnappleinen in der Hand, die Hunde dazu konnte Irfan wegen des Nieselregens im Vorbeifahren nicht entdecken. Vielleicht wollte auch ein Altenpfleger schnell ein paar Besorgungen in der Drogerie machen und hatte die Omas mit den Schnappleinen kurz an die Bäume gebunden, dachte Irfan und wandte seinen Blick wieder der Straße zu. Engin saß auf dem Beifahrersitz und würdigte seinen Vater keines Blickes, stattdessen besprach er lauthals mit seinen Mannschaftskameraden Davud, Olli und Mick die Taktik für das kommende Spiel gegen die Jungs vom TSV Glinde, während die Hiphop-CD, die Engin gleich nach dem Einstieg eingelegt hatte, Irfans müde Ohren malträtierte.

Nach einer guten Stunde und mehrfachen Irrfahrten durch leblose Seitengassen kamen sie beim Vereinsgelände des TSV Glinde an. Die Jungs stürmten aus dem Auto zu den anderen Kameraden und verschwanden mit ihrem Trainer gleich in der Umkleidekabine. Bedächtig verließ auch Irfan das Auto, begrüßte ein paar weitere Leidensbrüder, die ebenfalls zu Chauffeurdiensten verdonnert worden waren. Er besorgte sich einen schwarzen Kaffee und schaute aufs Spielfeld. Der Platz war holprig, von Pfützen in allen Größen übersät und erinnerte ihn mit seiner matschbraunen Farbe an die Hauptstraße seines Heimatdorfes. Irfan schaute sich um und zählte die Zuschauer, die sich zu diesem Vorentscheidungsmatch um die Hamburger C-Jugend-Meisterschaft eingefunden hatten. Er kam auf siebzehn Zuschauer, zwei Kinderwagen und einen Dackel. Die Schlacht konnte beginnen, man wartete nur noch auf die Gladiatoren.

Zehn Minuten später stürmte Engins Mannschaft den

Platz und begann schnatternd und Witze reißend mit Aufwärmübungen, die aus dem gleichzeitigen Schießen aller Bälle in ein Tor, Dribblings jeder gegen jeden und Trampeln in den Pfützen bestanden. Die Jungs von Glinde brauchten wohl etwas länger zum Umziehen. Dann kamen auch sie aufs Spielfeld. Die Rotznasen kämpften gerade mit den ersten Pickeln und machten düstere Gesichter. Gleich ging es um Leben und Tod. Auch ihr Trainer schien sich gewissenhaft auf das Spiel vorbereitet zu haben, er schleppte ein ganzes Bündel von Zetteln mit sich und legte seine Stirn in viele Falten. Beim Anpfiff machten seine Jungs einen äußert konzentrierten Eindruck, während das systematische Aufwärmen vom Grün-Weiß-Eimsbüttel im Matsch nur noch eine Ahnung von der ursprünglichen Farbe der Trikots zuließ.

In der ersten Halbzeit dominierte Glinde eindeutig das Geschehen, jeder Spieler hielt eisern seine Position und der Trainer gab fortwährend gebrüllte Anweisungen, damit auch wirklich alle seine kleinen Erwachsenen wussten, was zu tun war. Sie führten schnell mit zwei Toren und konnten sich dennoch nicht so recht über ihren Vorsprung freuen, weil die Jungs von Eimsbüttel kaum Notiz davon nahmen und mehr mit sich selbst als mit dem Spielgeschehen beschäftigt waren. Sie meckerten miteinander und jeder gab dem anderen die Schuld, jeder wollte den Ball haben und nicht abgeben, bevor er drei Gegner ausgespielt hatte. Der Vorsprung beunruhigte weder Irfan noch den Trainer von Eimsbüttel. Die beiden standen Kaffee schlürfend nebeneinander und unterhielten sich über die Arbeit. Engin und seine Mitspieler mussten sich erst einmal austoben, streiten und lamentieren, die überschüssige Energie loswerden, bevor sie anfangen würden miteinander zu spielen. Zur Pause schafften sie bereits den Anschlusstreffer. Nach der Halbzeit nahmen sie Glinde auseinander.

Glindes Trainer hatte nach 45-minütigem Gebrüll seine Stimme in der Kabine gelassen, er brachte nur noch gekeuchte Wortfetzen heraus und versuchte den Stimmverlust mit wildem Armfuchteln zu kompensieren. Seine Jungs ließen nach jedem Gegentor die Köpfe ein bisschen tiefer hängen und ähnelten mit ihren immer beleidigteren Mienen wieder normalen Teenagern. Das Spiel endete mit einem 6:2 für Eimsbüttel. Engin und seine Mitspieler verließen völlig verdreckt das Spielfeld und krächzten mit ihren Pubertätsstimmen Triumphlieder in den bewölkten Himmel. Irfan strahlte seinen Sohn – den zweifachen Torschützen – an, aber Engin ließ seinen Vater schnöd stehen und trottete mit den anderen in die Umkleide. Du wirst den Korankurs besuchen, du kleiner bockiger Esel, dachte Irfan, selbst wenn du zwei Tage die Luft anhältst.

Am Montag Nachmittag war es soweit. Irfan brachte seinen Sohn in die Moschee und stellte ihn Hodscha Servet vor.

»Das ist mein Sohn Engin, Hodscha, ich hoffe, er wird ein guter Schüler sein.«

Hodscha Servet war einen Kopf kleiner als Engin, untersetzt und rund wie ein Kürbis. Die Farbe seines Schnauzbarts erinnerte Engin an Schuhcreme. Das weiße Hemd des Hodschas spannte sich über den Hängebauch und die Knöpfe schienen nur mit letzter Kraft den Leib zusammenzuhalten. Offenbar mochte Hodscha Servet

Gelbgold, beim Lächeln blitzten drei Goldzähne aus seinem Mund.

»Maschallah, Maschallah!«, sagte er und hielt seinen rechten Handrücken vor Engins Nase. Der schaute irritiert zu seinem Vater.

»Hadi, hadi, öp!«, flüsterte Irfan und forderte ihn zum Küssen der Hand auf. Engin betrachtete Servets behaarten Handrücken, die wurstigen Finger und zu kurz geschnittenen Nägel. Sein Vater nickte immer noch eifrig.

»Öp, öp, hadi!«

Da griff Engin zu und begrüßte den Hodscha in bester Hiphop-Manier. Handrücken an Handrücken, Fläche auf Fläche, Faust auf Faust, Drehung, Griff. Zum krönenden Abschluss tippte er rechte Schulter gegen rechte Schulter und sagte:

»Alles roger, Hodscha?«

Das Goldlächeln verschwand aus dem Gesicht des Vorbeters, entgeistert blickte er zu Engins Vater, der seinem Sohn empört einen Klaps auf den Hinterkopf gab.

»Verzeihung, Hodscha, Sie wissen ja, diese Jungen heutzutage ...«

Bevor Irfan die beiden alleine ließ, warf er seinem Sohn noch mal einen »Pass-auf-Freundchen«-Blick zu und verließ die Moschee. Hodscha Servet brachte den Jungen zu den anderen Schülern in den Gebetsraum. An den weiß gekachelten Wänden hingen arabische Kalligraphien und ein riesiges Bild der Kaaba zur Pilgerzeit. Tausende von Köpfen drängten sich um einen schwarzverhüllten überdimensionierten Würfel. Engin hatte zwar keine Ahnung, was die Menschen auf dem Bild machten, aber es schien eine ganze Menge Moslems auf der Erde zu geben, die diese Hütte unbedingt sehen mussten. Der

Boden des Gebetsraumes war mit Teppichen bedeckt und von der Decke bestrahlten Neonröhren den Raum. Die Kinder saßen auf der linken Seite unter den Fenstern in einer Reihe auf dem Boden, alle im Schneidersitz, vor ihnen jeweils ein kleines Holzpult. Keines von ihnen war älter als zwölf.

»Das ist euer neuer Bruder Engin«, verkündete der Hodscha und wies Engin einen Platz zwischen zwei Jungen zu. Engins Versuche, im Schneidersitz Platz zu nehmen, lösten ein wildes Gekicher unter den anderen Schülern aus. Als er es endlich geschafft hatte, seine langen Beine zwischen seinen Nachbarn und dem Holzpult einzuquetschen, sah er aus wie Gulliver zwischen den Däumlingen. Etwas unschlüssig saß Engin an seinem Platz und nichts passierte. Nur seine Mitschüler beäugten ihn ausgiebig. Dann kam ein Junge mit einem Fez auf dem Kopf heran. Er war jünger als Engin, aber älter als die anderen Schüler. Mit einem Kissen in der linken und einem neongrünen Stock in der rechten Hand ging er zu einem Ende der Reihe. Engin konnte alles gut beobachten, weil er seine Mitschüler auch im Sitzen um einen Kopf überragte. Der Junge mit dem Fez setzte sich vor den ersten Schüler auf ein Kissen und fragte ihn Koransuren auf arabisch ab. Der Schüler antwortete mit einem für Engin unverständlichen Gebrabbel und zog die Stimme dabei mal nach unten und mal nach oben. Der klingt ja wie Kermit, dachte Engin.

»Gut«, sagte der Junge mit dem Fez knapp und rutschte mit seinem Kissen einen Platz weiter. Der nächste Schüler wurde abgefragt. Ein kleiner Junge von kaum neun Jahren. Unsicher legte der Kleine los und stockte gleich, er schien den Faden verloren zu haben.

»Hand auf«, forderte der Abfrager mit dem Fez. Zögernd schob der Kleine die Hand nach vorne, sofort knallte der Stock darauf nieder. Der Junge gab einen unterdrückten Schrei von sich, aber seine Ohren liefen glutrot an, er presste seinen Arm gegen die Brust und pustete hektisch in die schmerzende Hand. Ungerührt rutschte der Abfrager weiter, zwei weitere Koranschüler mit Texthängern bekamen den klatschenden Stock zu spüren. Dann saß er vor Engin. Die beiden Halbstarken musterten einander ausgiebig.

»Kannst du Koran?«, fragte der Hilfslehrer.

»Nö, kannst du Deutsch?«, schoss Engin zurück. »Wie heißt du überhaupt?«

»Ich bin Osman«, erklärte Servet Hodschas Musterschüler besonders grimmig und legte los:

»Sag mal nach, Elif, Bä, Tä, Sä, Rä…«

Engin verstand kein Wort.

»Was soll'n das sein?«

»Das ist Koran, arabisch, muss du lernen!«

»Muss ich nicht, ich soll beten lernen, Koran kannst du selber lesen!«

Osman zückte den Stock, aber Engins Blicke waren eindeutig. Na los, du blöder Streber, dachte er, na los, trau dich doch. Osman traute sich nicht. Er rutschte weiter zum nächsten Schüler. Nach dem Ende der Fragestunde übergab Osman Hodscha Servet den Stock. Der Hodscha fummelte gerade an einem für seine wurstigen Hände viel zu kleinen silberglänzenden Handy herum und ließ sich jetzt von seinem Gefolgsmann mit dem zartem Bartflaum einige Klingeltöne vorführen. Nachdem Osman dem Handy seines Herren ein gutes Dutzend polyphon scheppernder Melodien entlockt hatte, grunzte der Hodscha zufrieden und entschied sich endlich für eine anatolische Bontempi-Leierkasten-Version von Mozarts »Kleiner Nachtmusik«. Währenddessen saßen die Koranschüler unschlüssig auf ihren Plätzen, kicherten, knufften einander heimlich und schauten zwischendurch ängstlich zu den beiden Handy-Professoren hinüber. Engin fragte seine beiden Nachbarn über Osman und den Hodscha aus, wollte wissen, wer seine Leidensgenossen zu diesem Kurs verdonnert hatte und wie lange er noch gehen würde. Das Handymeeting ging schließlich zu Ende und Osman nahm seinen Platz am anderen Ende der Reihe ein, weit weg von Engin. Auch Servet bequemte sich stöhnend aus einem Haufen bunter Sitzkissen, auf denen er die ganze Zeit gethront hatte.

Mit hinter dem Rücken verschränkten Armen, den Stock in der linken Hand baumelnd, kam der Hodscha näher. Das Kichern und Schwatzen hörte sofort auf. Servet ging langsam die Reihe rauf und runter und schaute aus dem Fenster.

»Seid achtsam, Kinder, seid sehr achtsam«, begann Servet mit seiner Predigt.

»Wir leben in schwierigen Zeiten und nur unsere Religion gibt uns Halt, hilft uns über die Nöte, Sorgen und Gefahren hinweg. Lasst euch nicht verführen von euren Freunden, Mitschülern, Lehrern, Internet.«

Engins Augen blieben an den schneeweißen, dünnen Socken des Hodschas hängen. Servets Stimme wurde eindringlicher:

»Sie sind anderes als ihr, sie denken anders und sie laufen in Miniröcken und hochhackigen Schuhen herum, kennen kein Schamgefühl … Und ihren Männern gefällt es auch noch!«

Dabei ging er zu einem Fenster und starrte auf die Straße. Ob da unten gerade eine Frau im Minirock herumläuft, fragte sich Engin und entdeckte eine geplatzte Naht in Servet Hodschas Schritt.

»Sie wissen nicht, was Reinheit, was Ehre ist und Parfüm ist kein Ersatz fürs Waschen!«, sprach er und fuchtelte mit dem rechten Zeigefinger in der Luft. Den letzten Satz verstand Engin nicht gleich, er hatte nur eine Ahnung, was damit gemeint sein könnte. Der Hodscha legte den Stock auf der Kanzel ab, ging zur Gebetsnische und wartete. Die Schüler klappten ihre Bücher zu und stellten sich hinter dem Hodscha auf, jeder auf einem Teppichstreifen. Auch Engin stand auf einem Teppichrechteck.

»Ich weiß nicht, wie das geht«, flüsterte er seinem kleinen Nachbarn zu.

»Ich kanns auch nicht so richtig, mach so wie die anderen«, antwortete der Junge.

»Allaaaahuu ekkber!«, rief der Hodscha und verschränkte die Hände vor dem Bauch. Alle Kinder sprachen ihm nach und verschränkten ebenfalls die Hände vor dem Bauch. Ein vielstimmiges Gebetsgrummeln setzte ein. Engin konnte noch kein Gebet aufsagen und brabbelte stattdessen alle Fußballvereine der ersten Bundesliga herunter. Danach durften die Schüler nach Hause. Zum Abschied drückte Hodscha Servet Engin ein Buch in die Hand, auf dessen Cover ein Junge mit einem braunen Pullunder und weißem Fez auf dem Kopf vor einem Gebetsteppich stand, daneben ein verhülltes kleineres Mädchen. Beide lächelten entrückt in die Kamera. Als Hausaufgabe sollte Engin bis morgen die ersten drei Suren in dem Buch auswendig lernen.

Beim Abendessen mit den Eltern gab sich Engin wortkarg, weil er wusste, dass sein Vater vor Neugier platzte. Seelenruhig verdrückte er ein paar von Deryas frisch zubereiteten Teigröllchen und blätterte in einer Computerzeitschrift.

»Nun erzähl schon, wie war's in der Moschee?«, fragte Irfan ungeduldig. Engin blätterte abwesend in der Zeitschrift weiter, er schien die Frage nicht gehört zu haben. Irfan sah zu Derya, zog vorwurfsvoll die Augenbrauen hoch und deutete mit dem Kopf in Engins Richtung. Derya kannte nach fünfzehn Jahren Ehe die Zeichensprache ihres Mannes. Genauso dickköpfig wie seine Mutter, lautete die eben mit den Brauen gesendete Botschaft. Derya nickte nicht ohne Stolz.

»Der Hodscha hat was über Deutsche erzählt und sein blöder Liebling hat ein paar kleine Jungs geschlagen, weil die nicht den ganzen Koran auswendig konnten…«, ließ Engin ganz nebenbei fallen, immer noch in die Zeitschrift vertieft. Irfan stutzte. Was hatten Deutsche mit dem Korankurs zu tun.

»Was hat er denn erzählt?«, fragte er.

»Na ja, dass sie dreckig sind, Miniröcke tragen und sich mit Parfüm waschen.«

»Er hat euch was über Miniröcke erzählt?«, hakte Irfan ungläubig nach.

»Ja und dann hat er gesagt, dass wir uns nicht von Deutschen und Internet verführen lassen sollen…«

»Zu was sollt ihr euch nicht verführen lassen?«, fragte Irfan.

»Keine Ahnung…«

Engin packte bereits seinen Teller in die Spüle und schlenderte ins Wohnzimmer.

»Vielleicht erzählt er das morgen.«

Derya fixierte ihren Mann. Irfan konnte Deryas Blicke nicht ganz so gut lesen, aber er wusste, die eben gesendeten Funken bedeuteten nichts Gutes.

»Er soll ja nur lernen, wie man betet, wie man sich davor wäscht, ein paar Sachen über unseren Propheten ...«

»Und über Miniröcke und schmutzige Deutsche ...«

Derya brachte Irfans Satz genüsslich zu Ende.

»Das hat er sich doch nur ausgedacht.«

Irfan ließ sich nicht beirren, auch in den nächsten beiden Tagen musste Engin in die Moschee. Abends erzählte er dann von Servet Hodschas Predigten über blonde Deutsche, gottlose Kommunisten und die frevlerische europäische Dessous-Mode. Zum Abschluss seines Berichtes schilderte er detailgenau, wie viele Stockhiebe und Ohrfeigen der Hodscha oder sein Gehilfe Osman verteilt hatten. Irfan glaubte ihm immer noch kein Wort. Sein Junge war ein Schlitzohr und hatte eine überbordende Phantasie, er erzählte diese abstrusen Geschichten nur, um nicht mehr dort hingehen zu müssen.

Am Donnertag saß Irfan nach einem harten Arbeitstag vor dem Fernseher, in der linken Hand die Fernbedienung und in der rechten eine frisch geöffnete Bierflasche. Derya hatte ihren müden Mann verköstigt und war zu einer Freundin gefahren. In wenigen Minuten war der Anpfiff zum Spitzenspiel der türkischen »Süperlig«, Trabzonspor gegen Galatasaray Istanbul, Irfan war glühender Trabzonspor-Anhänger.

»Hallooo!«

Irfan hörte Engins Stimme aus dem Flur, der Junge kam gerade vom Training.

»Hat es schon angefangen?«, rief Engin aus der Küche und machte schnell sein Essen in der Mikrowelle warm.

»Du kommst genau richtig, gleich geht's los.«

Irfan nahm einen kräftigen Schluck aus der Flasche. Engin kam mit einem Tablett ins Wohnzimmer und setzte sich neben seinen Vater. Das Spiel wurde angepfiffen. Engin mampfte genüsslich seine Lieblingsspeise, Putensteak mit Bratkartoffeln. Ein schöner Fußball-Abend für Vater und Sohn schien anzubrechen.

»Weißt du, was der Hodscha über Bier sagt?«

»Ist mir egal…«, gab Irfan kurz und bündig, voll auf das Spiel konzentriert, zurück.

»Mit Bier fängt es immer an, sagt der Hodscha.«

»Aha, was denn?«, murmelte Irfan und schlug sich kurz danach auf die Oberschenkel, weil ein Trabzoner Stürmer eine glasklare Torchance vergeben hatte.

»Du blinder Ochse!«, rief Irfan.

»Dann kommt Whiskey, Raki, sagt der Hodscha, und dann ist man schnell Alkoholiker und kriegt von Allah als Strafe dafür Leberkrebs …«

Nur langsam sackte Engins Erläuterung in das müde, vom Bier und Fußball leicht schummrige Hirn des Vaters ein.

»Was? Dein Hodscha hat doch keine Ahnung.«

»Und warum schickst du mich dahin, wenn der Typ keine Ahnung hat?«

Engin ließ nicht locker.

»Können wir das vielleicht nach dem Spiel besprechen? Bitte?«

Diese Impertinenz konnte der Junge nur von seiner Mutter haben. Nächste vergebene Torchance für Trabzon.

»Und weißt du, was der Hodscha heute noch erzählt hat?«

Engin hatte inzwischen seinen Teller leergeputzt und ging zum Fruchtjoghurt über. Irfans Blicke klebten am Fernseher, jetzt griff Galatasaray über den linken Flügel an.

»Der Hodscha sagt, Fußball ist Gotteslästerung, nur die Ungläubigen spielen Fußball ...«

»Scheiße, Mist!«, ereiferte sich Irfan und schüttelte empört den Kopf, 1:0 für Galatasaray. Erst nach einem weiteren kräftigen Schluck aus der Bierflasche hatte sein Gehirn die letzte Information verarbeitet.

»Du willst mich wohl auf den Arm nehmen? Den Schwachsinn hat er doch nicht wirklich gesagt?«

»Hat er wohl«, beharrte Engin, »dann hat er uns erzählt, wie die Christen den Fußball erfunden haben, das war im Mittelalter, die haben gegen die Osmanen gekämpft, bei einer großen Schlacht, die Osmanen haben verloren und mussten sich ergeben. Dann haben die Christen den Osmanen die Köpfe abgeschlagen, obwohl sie vorher versprochen hatten, sie nicht umzubringen. Die vielen Köpfe lagen so auf dem Boden herum. Und ein Ungläubiger hat dann gegen einen Kopf getreten, der Kopf rollte zu seinem Kollegen, der trat den Kopf wieder zurück, denen hat das Hin-und-Hertreten Spaß gemacht und dann haben alle Soldaten mit den Köpfen der Muslime Fußball gespielt.«

Irfan hustete den letzten Schluck seines heißgeliebten Bieres auf den Teppich.

»Waaas?«

Plötzlich war er wieder ganz klar im Kopf und stellte den Ton ab.

»Das hat er euch erzählt? Das hat er euch wirklich erzählt?«

Engin nickte zustimmend.

»Mein Junge, hat er das wirklich erzählt?«

Der Sohn hielt Papas Blick stand.

»Ich schwörs, Papa, genauso!«, beteuerte Engin.

»Und er sagt, die Deutschen essen Schweinefleisch und darum werden sie selber zu Schweinen.«

Irfan schüttelte fassungslos den Kopf, er schaute zurück zum Bildschirm. Inzwischen stand es 2:0 für Galatasaray.

»Scheißspiel«, sagte Irfan tonlos und schaltete den Fernseher ab.

Freitag Nachmittag fuhr Irfan von der Arbeit direkt in die Moschee. Wie versprochen wollte er Engin abholen und ihn direkt zu einem Trainingsspiel fahren. Er kam ein paar Minuten zu früh, der Unterricht war noch nicht zu Ende. Irfan stand vor dem Eingang zum Gebetsraum, lugte vorsichtig hinein. Servet Hodscha zog mit seiner rechten Hand gerade einen etwa zehnjährigen Jungen am Ohr hoch und tadelte ihn mit honigsüßer Stimme:

»Ach, mein Sohn, wann lernst du endlich die Fatiha-Sure? Hm?«

Das Handy quakte die kleine Nachtmusik. Seelenruhig ging der Hodscha ran und während des Gesprächs am Silberling zog er fortwährend mit der anderen Hand das blutrote Ohr des Jungen in alle möglichen Richtungen. In deinen fetten Hintern sollte man das Handy schieben, dachte Irfan und wusste, dass es sinnlos war, einzuschreiten. Ohne die ausdrückliche Erlaubnis des

Vaters würde sich der Hodscha niemals an dem Kind vergreifen. Irfan zog die Schuhe aus und trat ein.

»Recht so, Hodscha, Strafe muss sein. Was hat der kleine Taugenichts angestellt? War er im Internet oder auf dem Fußballplatz?«

Servet Hodscha beendete sein Gespräch und ließ das Ohr los. Er legte die rechte Hand auf das Herz und wackelte bescheiden mit dem Kopf.

»Fragen Sie nicht, Irfan Bey, fragen Sie nicht. Es ist nicht einfach mit den Kindern, aber wer soll sich um sie kümmern, wenn nicht wir?«

»Sie haben es nicht leicht, Hodscha, aber Allah möge es Ihnen danken.«

Servets Kopf wackelte eifriger, Balsam für seine Seele.

»Ich muss meinen Sohn ein bisschen früher abholen«, erklärte Irfan mit samtweicher Stimme, »wir haben gleich ein Fußballspiel.«

Das ölige Lächeln des Hodschas erstarrte. Irfan und Engin verließen den Gebetsraum.

»Bis Montag dann?«, rief Servet den beiden verwirrt hinterher.

»Inschallah!« (So Gott will!), erwiderte Irfan von der Treppe aus. Unten angekommen stiegen sie ins Auto.

»Muss ich da am Montag echt wieder hin, Papa? Kannst *du* mir nicht Beten beibringen?«, fragte Engin. Irfan streichelte seinem Sohn die Wange.

»Wenn du heute zwei Köpfe reinmachst …«

Wie immer

»Herr Rehbein denkt, solange er scheißen kann, wird er nicht sterben.«

Mit diesen Worten bereitete die Einsatzleiterin Jakob auf seinen Wochenenddienst vor. Zum ersten Mal musste Jakob bei dem berüchtigten Alten antreten. Unter den Kollegen galt der Einsatz bei Rehbein als Strafexpedition. Jetzt durfte der Neue sein Glück versuchen.

Jakob arbeitete erst seit einem Monat bei der Sozialstation. Er studierte Geschichte und hatte irgendwann keine Lust mehr auf lausig bezahlte Studentenjobs gehabt. Er hatte schon alles mögliche ausprobiert, unter Urlaubern an der Ostsee Eis-Tee ausgeschenkt, bei einer Berufsgenossenschaft Meldungen in staubige Aktenschränke einsortiert und im Fußballstadion betrunkenen Holländern Cola und Bier verkauft. Irgendwann sagte Jakobs Schwester:

»Wie wäre es denn mal mit einem sinnvollen Job, einem, der sogar gut bezahlt wird?«

Die Idee leuchtete ihm ein. Zwei Wochen später machte er seine erste Tour mit einem erfahrenen Pfleger, der die Arbeit ähnlich pragmatisch wie Jakob sah:

»Ist nicht gerade 'ne leichte Arbeit, aber sie wird gut bezahlt und du kriegst sogar Urlaubs- und Weihnachtsgeld. Außerdem hilfst du alten Menschen. Es gibt schlechtere Jobs, oder?«

Nur an den Uringestank in manchen Wohnungen konnte sich Jakob nicht gewöhnen, sonst hatte er sich in den ersten vier Wochen wacker geschlagen.

Herr Rehbein war die Nummer drei auf Jakobs Samstagstour. Jakob schloss gerade die Wohnungstür auf, als der Alte schon in den Flur brüllte.

»Ich hatte Stuhlgang, hab die Spülung aber nicht gezogen, Sie müssen das kontrollieren und dann aufschreiben!«

Jakob stand inzwischen im dunklen Flur und konnte riechen, dass der Alte nicht gelogen hatte. Er ging trotzdem zuerst ins Schlafzimmer, wo Herr Rehbein in seinem Bett lag, eingemauert von zwei Bettdecken, einem Transistorradio auf dem Schoß und einem Stuhl, auf dem Lebensmittel für drei Tage lagen.

»Ach du Scheiße, schon wieder ein Neuer!«, polterte Rehbein, ohne die Kopfhörer von seinen untertassengroßen Ohren zu nehmen.

»Hallo Herr Rehbein, ich bin Jakob. Wie geht's?«, sagte Jakob.

»Sie müssen ins Bad und den Stuhlgang kontrollieren! Das müssen hier alle so machen!«, rief Rehbein. Also ging Jakob ins Badezimmer, schaute in die Kloschüssel, wo der Stuhl von Rehbein in seiner ganzen Pracht schon geraume Zeit gelegen haben musste. Jakob zog die Spülung, suchte die Pflegedokumentation, fand sie in der Küche und trug brav das Ereignis in die dafür vorgesehene Spalte ein. Herr Rehbein hatte Samstag Abend Stuhlgang. Die Dokumentation erzählte, dass der Alte auch am Vormittag und Nachmittag Stuhlgang gehabt hatte.

»Haben Sie das endlich eingetragen?«, schrie Rehbein. Jakob ging wieder ins Schlafzimmer.

»Ja, hab ich«, sagte Jakob.

»Sie müssen lauter sprechen!«, brüllte Rehbein, »ich bin schwerhörig! Hat Ihnen das keiner von den Pappenheimern erzählt?«

»Doch, doch, Herr Rehbein«, sagte Jakob, etwas lauter.

»Mann, sind Sie taub oder was, Sie müssen lauter sprechen, ich hör doch schlecht!«, schrie Rehbein, während Schlagermusik aus seinen Kopfhörern plärrte. Jakob kam näher, beugte sich zu Rehbeins rechtem Ohr, nahm den Kopfhörer etwas hoch und brüllte in Rehbeins Muschel:

»Was möchten Sie zum Abendbrot?«

»Dass die immer Neue schicken müssen, oh nee, oh nee …!«, keuchte Rehbein.

»Eineinhalb Scheiben Schwarzbrot mit Käse, eine halbe Scheibe Weißbrot mit Leberwurst, eine Banane und die drei Becher hier müssen mit Saft aufgefüllt werden! Das Brot schön klein geschnitten, sonst krieg ich das nicht runter!«

Jakob ging in die Küche und arbeitete die Bestellung des Alten ab.

»So, fertig«, sagte Jakob.

»Zeigen Sie mal her!«, sagte Rehbein und zog an Jakobs Arm.

»Nein, nein, Gott noch mal! Wie soll ich diese großen Stücke runterkriegen?«, schrie Rehbein. »Da, so groß sollen die sein.«

Er zeigte auf das übervolle Tablett. Dort lag eine geachtelte Scheibe Weißbrot, beschmiert mit dunkelgelber

Butter. Jakob nahm Maß und ging mit seinem Teller wieder in die Küche.

»Sie Hornochse, das ist doch alles viel zu klein, wer soll das denn essen?«, keifte Rehbein, als er den Teller erneut kontrollierte.

»Na ja, pack das mal da rauf«, stöhnte Rehbein, »von einer Kuh kann man nicht mehr als ein Stück Rindfleisch erwarten!«

Jakob wurde wütend, sagte aber nichts, stattdessen atmete er tief durch und starrte auf die beiden Bilder, die über Rehbeins kahlem Kopf hingen. Im linken Rahmen Rehbeins Meisterbrief von 1957 und daneben die Urkunde der Floristeninnung zum 40-jährigen Berufsjubiläum. Ob er die Blumen wohl genauso malträtiert hatte wie jetzt die Pfleger, fragte sich Jakob. Jetzt war die Abendtoilette dran. Herr Rehbein schlurfte mit seiner Gehhilfe ins Badezimmer. Jakob schüttelte währenddessen das Bettzeug auf, fegte die Krümel ab und legte die Tabletten bereit. Danach rieb Jakob Rehbeins Rücken mit Franzbranntwein ein, streng von oben nach unten. Er half dem Alten ins Bett, sofort war Rehbein empört. Das braune große Kissen war viel zu weit oben, das kleine Kissen zu weit im Rücken und die Nackenstütze schief. Als letztes durfte Jakob die gestückelte Banane, die vollen Becher und die Brotstücke so lange auf dem überquellenden Tablett hin- und herschieben, bis Rehbein mit den endgültigen Positionen der Speisen einverstanden war. Für Rehbein waren eigentlich 30 Minuten vorgesehen. Jakob brauchte fast die doppelte Zeit, Rehbein war zwar nicht zufrieden, aber immerhin besänftigt. Als Jakob endlich die Wohnung verließ, brüllte ihm Rehbein noch ein letztes Mal hinterher:

»Den Stuhlgang haben Sie hoffentlich aufgeschrieben!«

Am Sonntag verlief der Einsatz schneller, denn der Hornochse von Pfleger war vorbereitet. Er ließ sich seelenruhig von dem Alten in Grund und Boden brüllen, weil er die Befehle zur Positionierung der Speisen auf dem Tablett absichtlich missverstand und immer wieder gutgläubig nachfragte:

»Ist das so in Ordnung?«

Rehbeins Dritte klapperten vor Wut und Empörung, bis er Jakobs Grinsen bemerkte.

»Sie, Sie … das ist ja … also…«

Sein Zeigefinger fuchtelte in der Luft, aber für eine kurze Sekunde schien ein Lächeln über sein Gesicht zu huschen. Jetzt waren sie quitt. Jakob drapierte schließlich alles wie befohlen und wünschte Rehbein eine gute Nacht. Der Alte gab Jakob sogar die Hand. Jakob öffnete die Wohnungstür, als Rehbein wieder ansetzte:

»Den Stuhlgang haben Sie hoffentlich…«

»Hab' ich!«, brüllte Jakob in die Wohnung.

»Man wird ja wohl noch fragen dürfen«, brummte Rehbein, als die Tür ins Schloss fiel.

Am nächsten Wochenende hatte Jakob erneut die Ehre. Der Name Rehbein stand auf seinem Einsatzplan, dieses Mal an erster Stelle. Jakob begann um 16 Uhr seinen Dienst und fuhr mit dem Fahrrad zu dem Choleriker.

»Hallo Herr Rehbein«, rief Jakob in die Wohnung und zog seine Jacke aus. Rehbein gab keine Antwort. Jakob ging ins Schlafzimmer, das Bett war leer. Jetzt stand er vor der verschlossenen Badezimmertür:

»Hallo Herr Rehbein, sind Sie da drin?«, fragte er und klopfte. Keine Antwort. Langsam öffnete er die Tür. Rehbein saß regungslos auf der Toilette, sein Oberkörper lehnte gegen den Spülkasten, und die rechte Hand umklammerte das Heizungsrohr. Über dem ganzen Badezimmer lag eine strenge Duftwolke. Rehbein hatte Stuhlgang gehabt.

Rodin in Kurdistan

Reza Montazeri litt für sein Leben gern, denn Reza war Künstler. Und sein beständiges, ausdauerndes Leiden war ihm der beste Beweis seines aufrichtigen Künstlerdaseins. Alle großen Künstler, die Reza bewunderte, waren Weltmeister im Leiden gewesen. Sonst wären sie auch niemals so groß geworden, denn jeder große Künstler litt. Davon war Reza felsenfest überzeugt. Und er war auf dem besten Wege dahin, er litt beständig und die großen Werke würden praktisch von selbst kommen, wenn man im Leiden Ausdauer bewies.

Nicht dass Reza depressiv gewesen wäre oder kaum gelacht hätte. Er konnte sogar herzhaft, aus vollem Hals lachen, und eine Spur Selbstironie gehörte auch zu seinem Wesen. Nur, wenn man ihn sah, er vor einem stand, fiel an ihm als erstes diese Leidenslinie auf seiner Stirn auf. Diese Falte, die eher eine wellenförmige Furche war, teilte seine Stirn in eine obere und eine untere Hälfte. In dieser Furche lag das ganze Geheimnis seines Lebens. Wenn Reza lächelte, schien das Lächeln sie noch zu vertiefen, und jeder verstand die Botschaft dieses Lächelns gepaart mit der tiefen Furche sofort. Obwohl dieser kleine, schmächtige Kurde aus dem Norden Iraks am Schmerz des Universums litt, hatte er das Lächeln nicht verlernt. Dieses Lächeln kostete ihn natürlich unendlich mehr Kraft als jeden anderen, gerade das machte aber sein Lächeln so bedeutend, so kostbar und bewundernswert. Jenes Lächeln rang er den tiefsten Tiefen seines Leidens ab, brachte es hervor auf seine schmalen Lippen und beschenkte damit seine Mitmenschen.

Reza war mit Leib und Seele Filmemacher. Er war natürlich auch Maler, Schriftsteller, Bildhauer und Musiker. Aber diese Talente bedeuteten ihm nicht viel, er entfaltete sie nebenbei, als kleines Zubrot, um sein ewig hungriges seelisches Gleichgewicht zu füttern. Seine erste und letzte Liebe waren Filme. Drei Filme hatte er bisher produziert, in 15 Jahren, zwei Kurzfilme und einen dokumentarischen Spielfilm. Im ersten Kurzfilm ging es um einen langsam erblindenden jungen Maler, der sein letztes Augenlicht für das letzte Bild hergibt. Genau dieses letzte Bild verhilft ihm zum Durchbruch, mit diesem letzten Bild wird er ein Star. Am Ende des kurzen Streifens geht er, gestützt von seiner Geliebten, dem Sonnenuntergang entgegen, blind und berühmt. Der zweite Kurzfilm handelte von der Tochter eines kurdischen Asylbewerbers, die eine Vorstellung des »Zirkus Roncalli« besucht, in der Manege ihr Lieblingskamel »Leyla« aus ihrer nordirakischen Heimat entdeckt und mit dem Kamel durchbrennt. Am Ende des Films wird das Mädchen mit seinem Kamel abgeschoben. Sein bisheriges Opus Magnum war der dokumentarische Spielfilm mit dem Titel *Rodin in Kurdistan*. Darin erzählte er den Weg des erfolgreichen deutschen Bildhauers Rudi August, der bei einem Fahrradunfall den kleinen Finger der rechten Hand verliert und daraufhin in eine mehrjährige Lebenskrise stürzt. Er bewältigt diese Krise, indem er mit seinem bisherigen Leben in Wohlstand und Reichtum bricht und sich mit dem Fahrrad auf den Weg nach Kurdistan macht, um dort kurdischen Kindern Bildhauerei beizubringen.

In der Schlusseinstellung steht er, umringt von seinen Schülern, auf einem kahlen offenen Feld. In seinem Rücken die Lehmplastiken seiner Schüler, vor ihm drei türkische Panzer, die das Feld mit den Lehmplastiken planieren wollen. Aber Rudi und seine kurdischen Schüler halten stand. Sie stoppen die Panzer mit ihren Körpern.

Mit *Rodin in Kurdistan* gewann Reza den Jurypreis des Filmfestivals von Kiev und den »Kleinen Luchs in Silber« bei den Filmfestspielen in Obernburg. *Rodin in Kurdistan* machte seinen Schöpfer berühmt, nicht weil der Film zum Blockbuster an den Kinokassen avancierte – er hatte deutschlandweit 3211 Zuschauer –, sondern weil die Umstände seiner Entstehung publik wurden. Reza hatte bei der Premiere seines Streifens in Hamburg einem Volontär der *Pinneberger Zeitung*, der glühender Anhänger der Rezaschen Filmkunst war, ein episches Interview gegeben und von seinem Martyrium an der türkisch-irakischen Grenze erzählt. Drei Wochen später druckte die *Pinneberger Zeitung* tatsächlich dieses Interview in seiner ganzen Länge, weil sich am Tage zuvor die Ereignisse in Pinneberg nicht gerade überschlagen hatten und es neben dem obligatorischen Artikel über die Nahostkrise noch viel Platz und Papier zu bedrucken gab. Dieser Artikel wiederum fiel zufällig der Chefredakteurin einer überregionalen, linksalternativen Zeitung in die Hände, die sofort eine große Geschichte witterte und Rezas Anatolienabenteuer auf der ersten Seite brachte. Sie verband die Leidensgeschichte des Filmemachers mit der menschenverachtenden Kurdenpolitik der türkischen Regierung. Damit kam die Medienmaschinerie ins Rollen, innerhalb von wenigen Wochen wurde Reza zu sämtlichen Talkshows im Fernsehen eingeladen, er war die Titelstory vieler Magazine und wurde von den Grünen für das Bundesverdienstkreuz vorgeschlagen. Überall musste er die gleiche Geschichte erzählen, die Geschichte von seinem Verhör in einer südostanatolischen Polizeiwache.

Für die Aufnahmen im Nordirak hatte Reza ursprünglich einen Privatflieger chartern wollen, aber die geizige und ignorante Filmförderung hatte ihr Veto eingelegt. Sie wollte das Produktionsbudget nicht jetzt schon um 50 % überziehen und außerdem, fügte die schnippische Dame von der Filmförderung an, würde keine Versicherung der Welt haften, wenn die Amerikaner Reza und seine Filmcrew über dem Norden Iraks abschießen würden. Diese kaltherzige Antwort verursachte bei Reza den schlimmsten Migräneanfall der letzten drei Jahre, und die Dreharbeiten mussten für drei Wochen verschoben werden. An einem nasskalten Tag im Herbst machte sich Reza endlich mit seinem Filmteam auf den Weg nach Kurdistan. Für ein Privatflugzeug reichte das Budget zwar nicht, aber immerhin für zwölf Tickets in einem Pauschalflieger nach Antalya. Am Flughafen wartete bereits ein klappriger Bus, den ein entfernter Cousin Rezas organisiert hatte. Vom Flughafen in Antalya bis zur irakischen Grenze brauchte der Bus – mit einer Höchstgeschwindigkeit von 75 km/h fahrend – zwei ganze Tage. Sein Team wurde von den türkischen Zollbeamten stundenlang und ausgiebig kontrolliert. Sie ließen sich in aller Ruhe von Rezas Kameramann erklären, wie eine Filmkamera funktioniert, was der Unterschied zwischen einem Video und einem Film ist und warum alle Deutschen blonde Haare haben. Dem Kameramann schien diese Unterhaltung sogar Freude zu bereiten, aber Reza, immer noch gepeinigt von den Nachwehen seines Migräneanfalls, platzte der Kragen. Voller Empörung, mit zitteriger und verzweifelter Stimme schrie er:

»Das ist typisch, typisch, das macht ihr nur, weil isch Kurde bin, weil Kurden für eusch keine Menschen…«

Weiter kam Reza nicht. Fünf Minuten später fand er sich in einer feuchten Zelle wieder, im Keller einer türkischen Polizeistation. Wenn es um Kurden und Menschen ging, verstanden die türkischen Grenzpolizisten keinen Spaß. Das Team hatte inzwischen die Grenze vollzählig überquert, nur der Regisseur war ihnen abhanden gekommen. Ihnen blieb nichts anderes übrig, als auf Rezas Freilassung zu warten.

Reza war verzweifelt, er saß auf einem Heuballen. Sollte sein Leben auf diese Weise zu Ende gehen, in einer feuchten, kalten Gefängniszelle, in den Händen der Todfeinde Kurdistans, in den Händen dieser barbarischen Türken? Am Ende der Welt, in Südostanatolien? Seine Phantasie verselbstständigte sich und malte die grauenhaftesten Folter- und Hinrichtungsszenen aus. Er sah sich schon eine flammende Verteidigungsrede vor einem finster dreinblickenden türkischen Richter halten, sah sich schon seine letzten Worte vor dem Schafott sprechen, sah sich ein letztes Mal: Lang lebe Kurdistan, lang lebe die Kunst! rufen, als jemand die Tür öffnete. Ein pummeliger, untersetzter Polizist mit einem mächtigen Schnauzbart kam herein. Er winkte Reza zu sich. Reza stellte sich zögernd auf die Beine und schaute linkisch zum Polizisten. Schweigen. Minutenlang. Je länger das Schweigen dauerte, desto näher rückte sein Ende, da war sich Reza ganz sicher.

»PKK?«, fragte der Polizist, »PKK?«, und zeigte mit seinem Finger auf Reza.

»Nein, nein, isch, isch bin Kurde aber ich bin Kunstler, isch hab Migräne … und isch mache Filme … Kino … Kunst … Aspirin …«

Hilflos fuchtelte Reza mit seinen Händen in der Luft herum und wusste nicht so recht, warum er Aspirin gesagt hatte, was Aspirin mit seinen Filmen zu tun hatte.

»Hääääää …. Aspirin …«, sagte der Polizist und nickte wissend, obwohl er kein einziges Wort bis auf Aspirin verstanden hatte. Dann grinste er und schlug die Tür hinter sich zu. Reza war wieder allein. Erst jetzt begutachtete Reza seinen Kerker etwas genauer und stellte fest, dass es nicht viel zu begutachten gab. Eine kleine Zelle mit feuchten kalkweißen Wänden und einem kleinen vergitterten Oberfenster, aus dem spärlich Licht in die Zelle drang. An der Decke hing eine nackte Glühbirne. Dann raschelte etwas am Oberfenster, Reza stellte sich hoffnungsfroh auf den Heuballen und versuchte herauszugucken. Vielleicht nahte ja seine Rettung, vielleicht kam der deutsche Botschafter – schließlich besaß er seit fünf Monaten den deutschen Pass – und würde ihn aus dieser entwürdigenden Situation befreien. Es kam aber nur ein rostfarbener Straßenköter, der am Fenster entlang schnüffelte, das Fenster ausgiebig markierte und mit seinem Urinstrahl fast Rezas Kopf erwischt hätte.

»Selbst die Hunde hier hassen Kurden!«, sagte Reza empört zu sich selber. Er ging wieder vom Heuballen herunter und drehte unschlüssig kleine Runden in der feuchten Zelle, bis ihm vom ständigen im Kreis Gehen übel wurde und er sich wieder setzen musste. Die nächsten Stunden verbrachte er mit der Begutachtung seiner

Innereien. Endlich hatte sich der Magen einigermaßen beruhigt, schon meldete sich die Blase zu Wort. Sie drückte und schrie nach Entleerung. Zaghaft klopfte Reza an die Zellentür. Der PKK-Experte mit dem Schnauzbart öffnete eine kleine Luke an der Zellentür und sagte:

»Hä?«

»Isch muss mal, äh, Toilette, WC ...«, entgegnete Reza schüchtern.

»Häääää ... Tuvalet!«, sagte sein untersetzter Wächter und öffnete die Tür. Er zeigte mit seinem Finger auf einen rostigen Eimer, den er in der Hand hielt, sagte langsam und ausführlich:

»Tuvalet ... Tuvalet ...«, und schmiss den Eimer in eine Ecke der Zelle. Das Sprachgenie mit dem gepflegten Schnauzbart schloss Tür und Luke wieder zu. Reza stand zunächst unschlüssig vor dem Eimer und wusste nicht so recht, was dieses rostige Ding mit einer Toilette zu tun hatte. Als sich die Blase wieder bei ihm meldete, blieb ihm keine andere Wahl, als in dem Eimer doch so etwas wie eine Notlösung zu sehen. Weil er diese Tortur als entwürdigend empfand, schaute er während seines Geschäftes vornehm zum Oberfenster. Dabei entging ihm, dass er genau neben den Eimer pinkelte. Erst als er seine Jeans zuknöpfte, entdeckte er die stattliche Pfütze vor seinen besprenkelten Schuhen. Reza war zum Heulen zumute, aber so sehr er sich auch bemühte, keine einzige Träne wollte über die unrasierte Wange fließen. Erneut ging die Zellentür auf, der pummelige Polizist hatte diesmal Verstärkung mitgebracht. Zwei andere Männer mit finsteren Mienen und blauen Uniformen begutachteten mit Expertenblick zunächst die Urinlache neben dem Eimer und dann Reza, dem dieses Malheur peinlich war.

Dann wurde Reza durch einen dunklen Gang in eine größere Zelle geführt. In der Mitte stand ein großer schwarzer Tisch, daneben zwei Wassereimer, an den Wänden waren seltsame Vorrichtungen mit Ketten und Handschellen und Reza war sich sicher, jetzt endgültig in der Folterkammer gelandet zu sein. Die beiden Männer in Blau beugten Rezas Oberkörper über den Tisch und fesselten seine Hände an zwei Haken, die an den Ecken des Tisches befestigt waren. Danach zogen sie seine Jeans herunter. Der pummelige Polizist ging um den Tisch herum, begutachtete ausführlich Rezas entblößten Hintern und grinste. Dann klopfte er mehrmals auf Rezas Pobacken, als ob er ein Stück Fleisch nach seiner Konsistenz untersuchte und fragte:

»PKK? Hä? PKK?«

Reza schüttelte panisch den Kopf und stammelte:

»Nein, nein, isch bin Kunstler, ich bin Deutscher, glauben Sie mir, bitte!«

Die drei türkischen Folterengel zeigten keine Reaktion.

»Oh mein Gott, oh mein Gott, warum isch? Warum nur isch?...«, stammelte Reza und hatte panische Angst um seinen Hintern, und obwohl er sich in größter Gefahr wähnte, musste er an eine Szene aus *Lawrence von Arabien* denken. In der Szene wurde Lawrence von einem finsteren osmanischen Besatzer vergewaltigt. Er befürchtete, das gleiche Schicksal wie Lawrence zu erleiden. Aber Lawrence hatte danach auch die Araber von den bösen Osmanen befreit und wurde zu einer Legende. War das etwa ein Wink des Schicksals? Hatte die Vorsehung ihn, Reza, auserkoren? Sollte er der Befreier des kurdischen Volkes sein? Was hatte sonst sein Martyrium in dieser schäbigen Polizeiwache an der türkisch-irakischen Grenze zu bedeuten? Jetzt war sich Reza sicher, er wusste es, er fühlte, dass er diese Prüfung überstehen und in nicht allzu ferner Zukunft zu einer Legende werden würde. Als er sich schon die souveräne Republik Kurdistan vor Millionen von Landsleuten ausrufen sah, betrat ein kleiner Bauernjunge mit glänzenden schwarzen Haaren und großen Knopfaugen die Zelle. Er hielt ein Seil in der linken Hand. An dem Seil hing ein Esel. Es war ein großer Esel. Reza hatte noch nie so einen großen Esel gesehen. Die Folterknechte fingen an zu lachen, sie lachten immer lauter. Reza verstand nicht, was gerade so lustig war, während der Junge, geschäftig und ohne jede Regung, den Esel in die Zelle führte. Mit aufgerissenen Augen starrte Reza zwischen die Beine des Esels. Der Esel schien erregt, sein großer erigierter Penis berührte fast den Boden. Erst jetzt bemerkte Reza auch den leichten Schaum am Maul des Tiers. Der Anblick dieses riesigen Esels mit seinem Penis war zu viel für den Filmemacher und Befreier Kurdistans, er wurde ohnmächtig.

Die drei Grenzpolizisten verfrachteten Reza an den Grenzposten und übergaben der Filmcrew ihren ohnmächtigen Chef. Sie hatten ihren Spaß mit diesem unverschämten Kurden aus Deutschland gehabt, der ihre epische und gründliche Kontrolle gestört hatte. Von der PKK war er auch nicht, da waren die drei ganz sicher. Der Junge konnte nicht einmal geradeaus in einen rostigen Eimer pinkeln, mit einer Handgranate hätte der sich höchstens selbst in die Luft gejagt. Erst am nächsten Tag erwachte Reza aus seinem Schockkoma, sofort gingen beide Hände zum Hintern. Ausführlich tastete er seinen

Po ab, griff sich immer wieder in den Schritt. Nichts war anders als sonst, nichts tat weh. Das konnte nicht sein, diese brutalen Türken hatten ihm bestimmt etwas angetan. Während der folgenden, natürlich sehr widrigen und dramatischen Dreharbeiten galt Rezas eigentliche Aufmerksamkeit seinem Hintern. Bei jedem Gang auf die Toilette kontrollierte er den Stuhlgang und stellte ernüchtert keine Veränderungen fest, seine Scheiße sah aus wie immer. Dennoch wusste er, dennoch spürte er, dass etwas nicht stimmte, nicht stimmen konnte. Er konnte den lüsternen Blick des Esels einfach nicht vergessen.

Bis zum Tag der Premiere von *Rodin in Kurdistan* hatte er seine traumatischen Erlebnisse niemandem anvertraut. Er war der Meinung, dass es für alles den richtigen und den falschen Moment gab und der richtige Moment, der Welt von seinem Martyrium zu erzählen, war noch nicht gekommen. Als dann der Volontär der *Pinneberger Zeitung* nach der Welturaufführung des Films Reza stürmische Komplimente machte und das dreistündige Epos zu einem Meilenstein des deutschen Films erklärte, konnte Reza nicht mehr an sich halten. Endlich hatte jemand Rezas Kunst wirklich verstanden, jetzt musste die Geschichte raus. Die drei Wochen später folgende Schlagzeile der *Pinneberger Zeitung*, die den Anstoß zu Rezas bundesweitem Ruhm gab, lautete: »Türkischer Esel vergewaltigt kurdischen Filmemacher«.

Morgengrauen

Die Hunde bellten sich die Seele aus dem Leib, er musste raus. Aus dem Bett, sich schnell anziehen und die Hunde rausbringen. Er schlug die Augen auf und wie von selbst kam leise das erste Wort des neuen Tages über seine trockenen Lippen: »Scheiße …« Er hasste es. Nicht die Hunde, nicht die übliche Runde mit den beiden, die auf dem Weg, der zu den Feldern führte, jeden Baum beschnupperten und ausgiebig markieren mussten, er verabscheute das frühe Aufstehen. Er war ein Nachtmensch, der immer wieder vergeblich seinem Körper einen anderen Rhythmus zu verpassen versucht hatte. Und jetzt, nach Jahren, hasste er das frühe Aufstehen immer noch.

Er drehte sich zu seiner Liebsten um und sah sie an. Ihr Gesicht, das der Schlaf so unschuldig und zerbrechlich erscheinen ließ, ihre braunen, glänzenden Haare, die von den ersten Sonnenstrahlen liebkost wurden. Er hörte ihre flachen, regelmäßigen Atemzüge, sie schien mit jedem Zug die Sorgen und schweren Gedanken des vorherigen Tages auszustöhnen. Jeden Morgen, wenn er mit den Hunden losmusste, betrachtete er sie mit diesem Blick und auch an diesem Morgen implodierte sein Herz vor Glück, vor Scham. Wie konnte er sich mit diesem Engel bis aufs Messer streiten? Wie konnte er sie anschreien, wenn er rasend vor Wut nach Argumenten suchte und doch nur die ewig gleichen Vorwürfe heraus schleuderte? Wie konnte er so hart und gnadenlos mit ihr sprechen, da er mit ihr doch so glücklich war wie noch nie zuvor in seinem Leben? Ratlos schüttelte er den Kopf und wusste nur, dass es diesen bestimmten Punkt gab. Wenn er ihn überschritt, war es bereits zu spät, seine Wutmaschine war in Gang gesetzt und nur noch auf Vernichtung, Zerstörung aus. Dann kamen über seine Lippen nur noch Verachtung, Angriff, der unbändige Drang, sie so tief und heftig wie möglich zu verletzen. Diesen Punkt hatte er oft überschritten, viel zu oft.

Flüchtig küsste er ihren Nacken, nahm seine Klamotten vom Tisch und ging aus dem Zimmer, sonst würden die Hunde bald die Treppen hoch gelaufen kommen und mit ihrer zappeligen, hektischen Vorfreude auch seiner Geliebten den Schlaf rauben. Er zog sich an und keine Minute später war er mit ihnen bereits auf dem Weg, der zu den Feldern führte. Die Morgensonne kämpfte sich langsam vom Horizont hinauf in den Himmel, die Luft roch modrig nach dem Regen, der über Nacht heruntergeprasselt war.

Zwischen fünf und acht war er ein anderer Mensch, zumindest kam er sich so vor. Empfindsamer, trüber und mit Gedanken belastet, die sich nur in diesen Stunden aus dem Unbewussten hervorkämpften und ihn quälten, bis es für sie an der Zeit war, zu verschwinden, um seine Seele am nächsten Morgen mit noch größerer Wucht zu überfluten. Sein ganzer Körper schien nur aus verbrannter Haut zu bestehen und jeder Reiz bereitete ihm Schmerzen.

Er nahm meistens dieselbe Strecke mit den Hunden, umrundete ein, zwei Felder, ging auf den kleinen Berg, kehrte dann auf den Weg zurück, der ihn wieder ins Bett, zu seiner noch schlafenden Geliebten führte. Den Hunden schien diese Eintönigkeit nichts auszumachen. Bei jedem Gang rochen sie an den Grashalmen, Büschen und Steinen, als ob sie das erste Mal diesen Weg entlang liefen. Er hing seinen dunklen Gedanken nach, stellte für gewöhnlich das gestrige Tun in Frage, fand sein Leben absurd und machte sich erst gar nicht die Mühe, irgend einen Sinn in seine Existenz hineinzulügen. Das funktionierte nicht, hatte noch nie funktioniert. Früher hatte er es oft versucht, hatte sich mehr Gelassenheit, mehr Fatalismus verordnet, um sein Leben hinnehmen zu können, wie es war, bis er sich eingestehen musste, dass sein komplizierter Charakter eine Eigenschaft nie besessen hatte und niemals besitzen würde: Gelassenheit. Er war in den Nächten nur mit einem T-Shirt bekleidet in den Wald gegangen, weil ihm ein Freund begeistert erzählt hatte, dass man auf diese Art den eigenen, durch Jahrtausende fehlgeleiteter Zivilisation domestizierten animalischen Instinkt wiederentdecken konnte und ein Mann sonst nichts brauchte, um im dritten Jahrtausend zu überleben. Nach vier bitterkalten Nächten hatte sich statt des animalischen Instinkts eine Lungenentzündung eingestellt und für den Abbruch aller Re-Animalisierungs-Versuche gesorgt. Er hatte ein Buch gelesen, das von der Allmacht der Liebe erzählte und sie zur Lösung aller Probleme empfahl. Man musste nur eisern an die allmächtige Liebe glauben und schon würden die größten Felsen, die das Leben einem auf den Weg stellte, zu kleinen Kieselsteinen schrumpfen. Seine Liebe war nicht allmächtig, sie war wild, unberechenbar. Sie konnte ihn zu den Sternen schleudern und mit derselben Heftigkeit in die Tiefe stürzen. Aber sein Leben war mehr als Liebe, mehr als Gefühl. Zumindest das hatte er bereits begriffen. Egal, welches

Weltbild er sich an langen Abenden zurecht gezimmert hatte, es überstand nur eine Nacht. Wenn er am nächsten Morgen mit den beiden Hunden seinen Gang über die Felder machte, zerbröselte seine aktuelle Sinnkrücke wie trockenes Brot unter seinen Füßen, weil über dem Abgrund seiner Seele weiterhin die gleiche Botschaft prangte, die er immer wieder verzweifelt wegzuwischen versuchte: Dass sein Leben in einem höllischen Tempo dahinfloss und er sich darin ohnmächtig treiben ließ, unfähig, anzuhalten oder die Richtung zu ändern.

Er erreichte den kleinen Berg, drehte sich zur Sonne, die inzwischen vollständig den Horizont verlassen hatte und betrachtete sie eine Weile. Um ihn herum seine schnüffelnden, Vogelschwärme jagenden Hunde, die wussten, dass gleich der Rückweg nach Hause bevorstand. Durch die Roggenhalme schimmerten die rötlichen Morgenstrahlen und er konnte sehen, wie die Regentropfen langsam an den Halmen herunter liefen. Er drehte sich bedächtig im Kreis, schaute über die Felder zu den nächsten Wäldern, zu den riesigen Windrädern, deren Rotorblätter leise im Wind brummten, seufzte und verließ den kleinen Berg. Die Hunde markierten noch einmal gründlich alle Bäume, Büsche und alten Hundehaufen, die sie bereits auf dem Hinweg mit derselben Sorgfalt bearbeitet hatten, aber noch etwas aufgeregter als vorhin. Waren sie so verzückt über den Duft des eigenen Urins oder hatten sie bereits ihren Hinweg vergessen und meinten brandneue Nachrichten anderer Hunde zu riechen? Manchmal verstand er seine Hunde nicht. Kurz vor der Straße nahm er sie an die Leine, damit sie in ihrer Begeisterung für sich bewegende Objekte nicht einem Lastwagen oder Auto hinterher sprangen, wie sie es oft getan hatten. Er war mit den beiden Gefährten etwa zwanzig Schritte vom Zuhause entfernt, als der eine plötzlich nach etwas auf dem Boden schnappte und zu kauen anfing.

Sofort griff er dem Hund in die Lefzen und öffnete ihm das Maul. Die Beute fiel zu Boden, eine kleine Blaumeise. Sie war wohl aus einem Nest gefallen und lag jetzt mit dem Rücken auf dem Boden, zerzaust, das Gefieder durchnässt und noch am Leben, sie atmete. Er zog die Hunde weg und beobachtete weiter das kleine Küken. Es atmete immer heftiger, der walnussgroße Brustkorb wogte auf und ab. Wie hypnotisiert starrte er es an. Wie konnte dieses unfassbar kleine Wesen so unbändig atmen? Sein Brustkorb schien zu bersten, aber es hörte nicht auf. Mit weit aufgerissenem Schnabel saugte es mehr und mehr Luft in seine winzigen Lungen. Er zählte seine Atemzüge, drei, vier, fünf, sechs, dann war es vorbei. Regungslos lag der Vogel jetzt da, am Fuß einer riesigen Eiche. Er konnte seinen Blick nicht abwenden, konnte nicht die letzten Schritte ins Haus tun. Er musste weiterstarren, minutenlang. Die Hunde wurden unruhig, zerrten an ihm. Endlich bückte er sich zu dem toten Küken hinunter, umschloss mit den Fingern seinen Körper und legte es ins Gebüsch. Danach ging er zum Haus, schloss die Tür auf und ließ die Hunde von der Leine. Mechanisch, benommen ging er die Treppen hinauf, öffnete die Tür zum Schlafzimmer. Wieder blieb er stehen, unschlüssig, ratlos. Er zog sich aus und bettete seinen immer noch müden Körper neben seine schlafende Frau. Vorsichtig deckte er ihre Schultern zu, schmiegte seinen Rücken an ihren warmen Rücken. Er spürte jeden ihrer Atemzüge, sie wiegten ihn in den Schlaf.

Inhalt

Aus unserem Verlagsprogramm

Kerim Pamuk
SPRICH LANGSAM, TÜRKE
Gebunden / 144 Seiten / ISBN 3-89401-410-5
»Das Büchlein ist ein Schlüsselloch, durch das wir Leben und Gewohnheiten der Türken beobachten können. (...) Kerim Pamuk hat die neue Sprache mit neun Jahren zum ersten Mal gehört und wetzt sie unter anderem auf der Kabarettbühne. Auf deutsch schreiben kann er. Ehrenwort der italienischen Rezensentin. Man spürt es. Er schreibt türkisch schnell auf deutsch.«
Antonella Romeo, Die Zeit

Jochen Till
DER LETZTE ROMANTIKER
Broschiert / 224 Seiten / ISBN 3-89401-445-8
»Zart besaiteten Liebhabern tiefgründiger Literatur sei von diesem Buch abgeraten. Fans von Quentin-Tarantino-Filmen jedoch werden auch an dem ›bizarr komischen Pulp-Krimi‹ ihre helle Freude haben.« *Frankfurter Rundschau*
»... der Roman besticht durch extrem witzige Dialoge und seine comicartige Rasanz ...« *IQ Style*

Wiglaf Droste / Rattelschneck
IN 80 PHRASEN UM DIE WELT
Gebunden / illustriert / 96 Seiten / ISBN 3-89401-427-X
Deutschland sucht die Superphrase: Und Wiglaf Droste hat sie gefunden! Auf Steakhouse-Servietten prangen lauwarme Limericks, in halbprivaten Kleinanzeigen (ka)lauern artige Aphorismen, die Zigarettenwerber kommen uns mit halben Haikus – im Unterholz der literarischen Gattungen ist der Wurm drin. Da hilft nur noch eins: Neue Phrasen braucht das Land!

www.edition-nautilus.de

Aus unserem Verlagsprogramm

Ingvar Ambjørnsen
STALINS AUGEN / Kriminalroman
Nautilus Paperback / 264 Seiten / ISBN 3-89401-421-0
Stalins Augen ist ein Kriminalroman, in dem es nicht nur um eine Mordserie und um die Jagd nach mysteriösen Diamanten geht. Ingvar Ambjørnsen illustriert die letzte Phase des Kalten Krieges aus der Sicht seiner beiden Antihelden und attackiert die verdrängte deutsche Vergangenheit.
»Stalins Augen ist humorvoll, spannend, böse – wie ein Krimi sein soll.« *Tobias Gohlis, Die Welt*

Wiglaf Droste
BEGRABT MEIN HIRN AN DER BIEGUNG DES FLUSSES
Broschiert / 128 Seiten / ISBN 3-89401-278-1
Ob Polemik, Reportage oder Nonsensgedicht: »Das Beste ist Drostes Vokabular ...« *Süddeutsche Zeitung*
»Drostes Furor gegen die Zumutungen der Welt, denen in eleganten Formulierungen der Prozess gemacht wird, ist ein wahres Labsal für geschundene Seelen.« *Sputnik, Zürich*

Stewart Home
PURER WAHNSINN / Roman
Paperback / 224 Seiten / ISBN 3-89401-343-5
»Homes Kunstverständnis ist roh, anarchistisch und ziemlich schlecht gelaunt. Oder, um es bildlich zu sagen: ›Purer Wahnsinn‹ tritt mit Doc Martens-Stiefeln die Tür der Literatur ein, trinkt einen Schluck Whisky aus der Flasche, grölt lauthals ›Punk-Rock!‹, schlägt einem Langweiler den Schädel ein und ist auch schon wieder verschwunden.« *Die Woche*

www.edition-nautilus.de